Schöningh

W0058639

EinFach
Deutsch

Friedrich Schiller

Don Carlos
Infant von Spanien
...verstehen

Erarbeitet von
Gerhard Friedl

Herausgegeben von
Johannes Diekhans
Michael Völkl

Bildnachweis

S. 26: picture-alliance / Manfred Rehm; S. 29: Diana Küster; S. 33: ullstein bild – Rene Fosshag; S. 38: www.goethezeitportal.de; S. 49: Foto: David Baltzer/ Staatsschauspiel Dresden; S. 65: picture-alliance/Christian Fürst; S. 77, 92, 131: picture-alliance/Werner Struss; S. 85, 122 (2), 137: picture-alliance/dpa; S. 98: Peter Bischoff/Getty Images; S. 104: picture-alliance/akg-images; S. 114: Rischgitz/ Getty Images; weitere: Verlagsarchiv Schöningh

Sollte trotz aller Bemühungen um korrekte Urheberangaben ein Irrtum unterlaufen sein, bitten wir darum, sich mit dem Verlag in Verbindung zu setzen, damit wir eventuell notwendige Korrekturen vornehmen können.

Inhaltsverzeichnis

An die Leserin und den Leser

„Geben Sie/Gedankenfreiheit." (S. 132, V. 3215)[1]

Diesen Appell richtet Marquis von Posa auf dem Höhepunkt des Schauspiels an den spanischen König Philipp II., damit er die Unterdrückung seines Volks beende und stattdessen „Menschenglück" aus seinem „Füllhorn" strömen lasse (S. 131 f., V. 3197 f.). Mit dem berühmtesten Zitat in Schillers Schauspiel „Don Carlos", dessen Handlung im 16. Jahrhundert angesiedelt ist, sind 1787, zwei Jahre vor der Französischen Revolution, die damaligen Fürsten angesprochen. Die Forderung Posas ist aber nach wie vor aktuell, obwohl in Deutschland das Grundgesetz Meinungs- und Religionsfreiheit – das ist mit Gedankenfreiheit gemeint – garantiert. In vielen Ländern jedoch dürfen Menschen auch heute nicht sagen, was sie denken, offen ihren Glauben bekennen oder an der politischen Gestaltung ihres Staats mitwirken. Im 20. Jahrhundert war dies zeitweise auch in Deutschland so, als die nationalsozialistischen Gewaltherrscher unliebsame Überzeugungen und Lebensweisen brutal bekämpften. Manchmal bekundeten Theaterbesucher damals ihren Widerstand dadurch, dass sie den Satz des Marquis beklatschten. In der DDR passten zahlreiche Spitzel auf, ob jemand den Staat, seine Führung, den Sozialismus oder die SED kritisierte. Am Beispiel von Posas Appell lässt sich deshalb erkennen, was für Literatur insgesamt gilt: Ihr Gehalt erweitert sich über das hinaus, was sich die Verfasser gedacht haben könnten und oft nur lückenhaft bekannt ist. Ihr Werk gewinnt durch Entwicklungen, von

---

[1] Sämtliche Verweise auf Verse des Dramas und Materialien im Anhang beziehen sich auf die im Literaturverzeichnis aufgeführte Textausgabe des Schöningh Verlags.

denen sie noch gar nichts wussten, neuen Sinn. Zum Bei-spiel ergeben sich im 21. Jahrhundert mit den neuen Medien unglaubliche Möglichkeiten der Überwachung, die viele – auch demokratische – Staaten intensiv nutzen. In Spanien unter Philipp II. werden Briefe abgefangen, in der Gegenwart E-Mails oder Mitteilungen in sozialen Netzwer-ken. Decken Einzelne wie Edward Snowden solche Daten-sammlungen auf, müssen sie Verfolgung und Strafe fürchten wie Marquis Posa, der 400 Jahre früher für „Men-schenwürde", „Freiheit" und „Bürgerglück" (S. 128–130, V. 3093, 3128, 3152) kämpft.

Posa setzt seine ganze Kraft für eine moderne Staatsform ein, in der die Bürger in Freiheit glücklich zusammenleben und gemeinsam für ihren Wohlstand arbeiten. Damit wen-det er sich gegen einen Zentralstaat, in dem im Übergang vom mittelalterlichen Feudalismus zum neuzeitlichen Absolutismus ein gottgleicher König, sein Militär und die Kirche alles beherrschen. Der Marquis stützt sich auf Ideen der Aufklärung, die erst zwei Jahrhunderte nach der Zeit, in der das Drama spielt, aufkamen und verfochten wur-den. Obwohl Hauptakteur, gibt es keine Figur in der Geschichte, die ihm entspricht. Der Dichter hält sich also nicht strikt an die historischen Tatsachen, sondern nimmt sich poetische Freiheiten heraus, um sein Anliegen schlüs-sig und zeitgemäß in einem sprachlichen Kunstwerk zu gestalten.

Posa unterstützt die Rebellion in den Niederlanden, die damals noch zu Spanien gehörten, und will seine politi-schen Ziele mithilfe seines Freundes, des Thronfolgers Don Carlos, erreichen. Diesen bedrücken und hemmen aber Liebeskummer und ein gestörtes Verhältnis zu seinem Vater. Als König Philipp dem Marquis überraschend Ver-trauen schenkt und Freundschaft anbietet, sieht dieser darin eine neue Chance, Menschenrechte und Freiheit zu verwirklichen. Beide Strategien verwirren sich aber heillos, sodass das Schauspiel in einer Katastrophe endet. Posa lenkt die Beteiligten in seinem Sinne, unterwirft sie seinen Plänen und verhält sich als Befreier selbst wie ein Gewaltherrscher. Damit deckt Schiller eine Dialektik auf, von der Menschen, die sich für Verbesserungen einsetzen, ebenso bedroht sind wie Revolutionen bis in die Gegenwart. Der despotische König dagegen zeigt zunehmend menschliche und empfindsame Seiten.

Dieser Figur gilt Schillers besonderes Interesse, denn dem Theaterdichter kommt es vor allem auf die Bühnenwirkung an. Situation und Charakter Philipps sollen das Publikum rühren, d. h. sein Mitleid erregen (vgl. die „Vorrede zur Thalia-Ausgabe" auf S. 276, Z. 27–31 im Anhang der Textausgabe). Eine fesselnde Handlung mit Intrigen und Verwechslungen sowie Dialoge oder Monologe auf höchstem inhaltlichen und sprachlichen Niveau oder voller Gefühl setzen die Themen Liebe und Freundschaft, Gewaltherrschaft und Freiheit in Szene. Eine Fülle theatralischer Effekte und eine bestechende Rhetorik zeichnen das Schauspiel aus. Sprachliche Bilder, Gegensätze, Steigerungen tragen zu seiner Wirkung ebenso bei wie das szenische Arrangement, Stillschweigen oder Tränen. Dass Schiller sehr lange an dem Drama arbeitete und zum ersten Mal Verse verwendet, sind Anzeichen, dass er als Dichter eine Grenze erreicht hat und sich neu besinnen muss. Er wendet sich der Geschichte und Philosophie zu und beginnt erst zehn Jahre später sein nächstes Schauspiel zu schreiben. Das Drama „Don Carlos" markiert das Ende der Sturm-und-Drang-Phase und leitet zur Klassik über.

Der vorliegende Band möchte Sie unterstützen, den Inhalt des Dramas, die Figuren, ihr Verhalten und ihre Standpunkte zu verstehen und dabei Schillers mitreißende Sprache zu erleben.

Ich wünsche Ihnen, dass die Lektüre des Dramas „Don Carlos" mit dieser Hilfe zu einer Entdeckungsreise wird, auf der Sie einiges über die Vergangenheit und die Gegenwart, aber auch über sich selbst erfahren.

Gerhard Friedl

Der Inhalt im Überblick

Der spanische Kronprinz Don Carlos liebt die Königin Elisabeth von Valois, seine Stiefmutter, immer noch, denn ursprünglich sollte er sie heiraten, nicht sein Vater. Er möchte sie sprechen, was die strengen Regeln am Hof aber verhindern. Seinem von Reisen zurückgekehrten Jugendfreund Marquis Posa gelingt es dennoch, eine Begegnung zu arrangieren. Die Königin schafft es, Carlos aus seiner Lethargie zu reißen und seine Energie auf politische Aufgaben zu lenken, die Posa ihm zugedacht hat: im Auftrag des Königs mit einem Heer in die niederländischen Provinzen zu ziehen und zu verhindern, dass Herzog Alba die dort ausgebrochene Rebellion der Protestanten gegen die katholische Vorherrschaft gewaltsam beendet (vgl. S. 247–249 im Anhang der Textausgabe). Stattdessen soll der Thronfolger die Abtrünnigen unterstützen, das Land befrieden und für bürgerliche Rechte und Freiheiten kämpfen, wie es die Freunde früher vereinbart hatten. Philipp lehnt die Bitte seines Sohnes aber entschieden ab.

Die Enttäuschung von Carlos schlägt in frohe Erwartung um, als der Brief einer Dame, die ihn in ein abgelegenes Zimmer einlädt, seine Liebe zur Königin neu entfacht. Dort erwartet ihn jedoch Prinzessin Eboli, die ihrerseits den Kronprinzen liebt. Da er deren Zuneigung nicht erwidert, gibt sie sich für eine Intrige gegen ihre vermeintliche Rivalin Elisabeth her, die Alba und Domingo schmieden. Diese Vertreter der weltlichen und geistlichen Macht lehnen politische Veränderungen strikt ab. Eboli erfüllt den Wunsch des Königs, eine Nacht mir ihr zu verbringen. Bei dieser Gelegenheit weckt sie mit entwendeten Erinnerungsstücken, die Elisabeth von Carlos erhalten hat, die Eifersucht Philipps. Er verdächtigt Frau und Sohn, ihn zu hintergehen, und zweifelt an Elisabeths Liebe. Auf der Suche nach einem Menschen, dem er vertrauen und der die Wahrheit für ihn herausfinden kann, stößt er auf den Namen Posas und ruft den Marquis zu sich. In der Mitte des Dramas prallen ihre gegensätzlichen Vorstellungen von Staat und Herrschaft aufeinander. Obwohl Posa die politischen Zustände in Spanien, insbesondere die Unterdrückung in den Niederlanden, anprangert und grundlegende Neuerungen verlangt, beeindruckt er den König, der ihn mit weitreichenden Vollmachten ausstattet.

Trotzdem verfolgt der Marquis seinen Plan einer selbstständigen, von Spanien unabhängigen Niederlande mit Carlos an der Spitze weiter. Sowohl darüber als auch über seine plötzliche Nähe zu Philipp informiert er die Königin, nicht aber den Freund. Elisabeth beklagt sich bei ihrem Gatten über den Diebstahl ihrer Habseligkeiten. Als sie bemerkt, dass dieser damit zu tun hat, kommt es zum Eklat. Wütend verlässt sie den Raum, stürzt und verletzt sich. Posa gelingt es, die privaten und politischen Befürchtungen des Königs zu zerstreuen. Er erhält außerdem das Recht, Carlos zu überwachen, und sogar einen geheimen Haftbefehl gegen ihn. Damit will er den Prinzen von unüberlegtem Handeln abhalten, das die weitreichenden politischen Pläne des Marquis gefährden könnte. Tatsächlich glaubt der Infant, dass Posa nicht mehr auf ihn, sondern auf die Unterstützung des Königs setze. Er geht davon aus, dass der Freund das Vertrauen des Königs durch einen Brief Elisabeths an ihn, den Thronfolger, erworben habe, den er Posa auf dessen Drängen hin überließ. Deshalb vermutet er, dass die Königin in großer Gefahr schwebe. Um sie zu warnen, wendet er sich an Prinzessin Eboli, die ihm eine kurze Begegnung mit Elisabeth vermitteln soll. Posa aber denkt, Carlos verrate das Geheimnis ihrer Freundschaft und die Pläne zur Unterstützung der niederländischen Rebellion. Er lässt den Infanten verhaften und bedroht die Prinzessin mit dem Tod. In diesem Moment kommt ihm aber eine andere Idee, nämlich den König zu täuschen, das eigene Leben zu opfern, damit der Thronfolger in die Niederlande fliehen kann, und Elisabeth anzuvertrauen, was er vorhat. Im Wissen, dass Briefe abgefangen werden, gibt er sich in einem Schreiben an Wilhelm von Oranien, den Anführer der niederländischen Rebellen, als ihr Verbündeter und als Geliebter der Königin aus. Als Philipp von diesem Vertrauensbruch erfährt, ist er tief erschüttert und beschließt, unbarmherzig Rache zu üben und mit noch härterer Hand zu regieren.

Posa sucht Carlos im Gefängnis auf, erklärt ihm sein doppeldeutiges Verhalten und fordert ihn auf, das gemeinsame politische Werk zu vollenden. Der Infant hält seinem Freund die Treue, erfährt von Herzog Alba, dass er frei sei, und sucht nach einem Ausweg für den Marquis. Doch dieser wird während des Gesprächs im Auftrag des Königs erschossen. Als Philipp auf Verlangen seines Sohnes im Gefängnis erscheint, um ihn persönlich für frei zu erklären, macht dieser ihm heftige Vorwürfe und sagt sich von ihm los. Die Königin versucht, den Prinzen bei einem heimlichen Treffen über Posas Auftrag und das weitere Vorgehen zu unterrichten. Philipp jedoch erfährt durch abgefangene Briefe davon und vereitelt mit seinen Granden, dass Posas Vorhaben gelingt. Die Bestrafung seines Sohnes überlässt er dem Großinquisitor, der den König streng rügt, sich auf den Marquis eingelassen zu haben.

Die Personenkonstellation

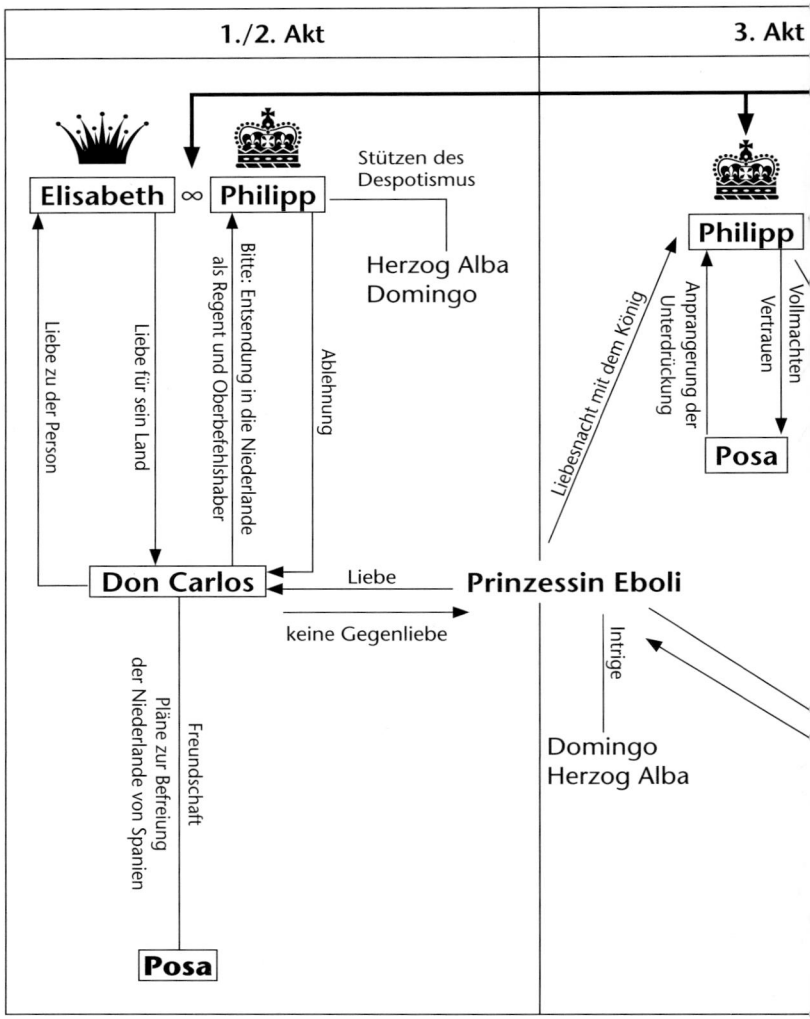

private Verwicklungen und Konflikte:
Liebesbeziehungen, Verhältnis Vater – Sohn

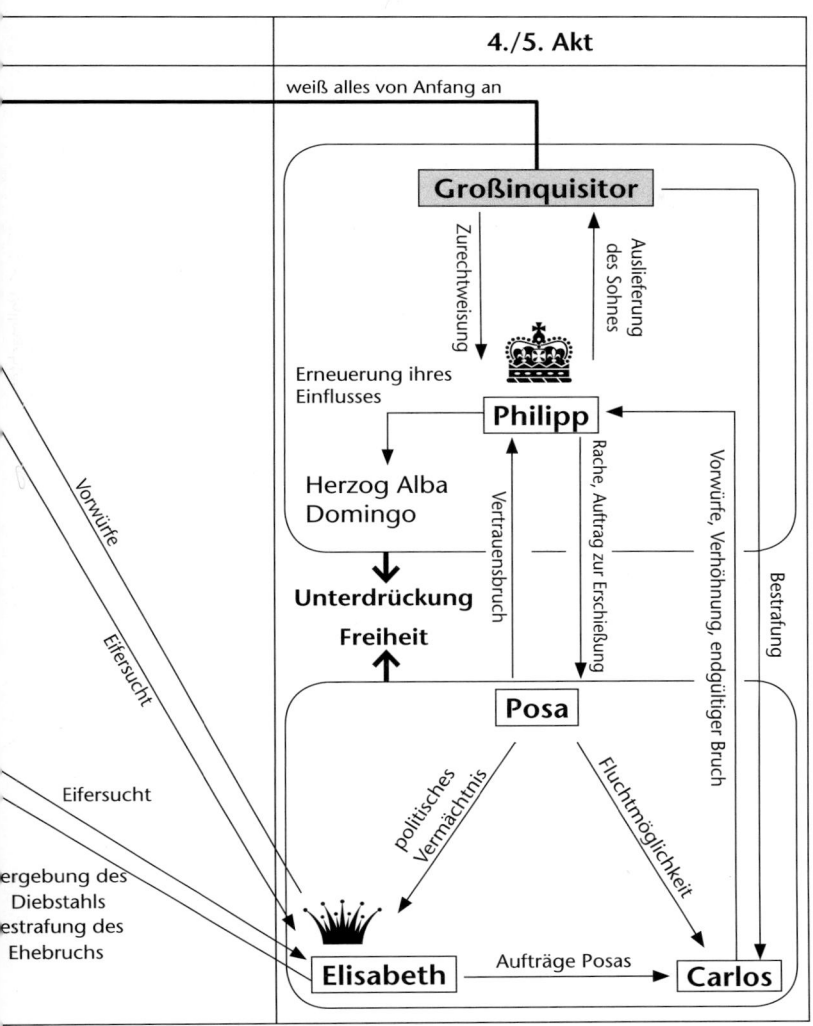

4./5. Akt

weiß alles von Anfang an

Großinquisitor

Zurechtweisung

Auslieferung des Sohnes

Erneuerung ihres Einflusses

Philipp

Herzog Alba
Domingo

Vertrauensbruch

Rache, Auftrag zur Erschießung

Vorwürfe, Verhöhnung, endgültiger Bruch

Bestrafung

Unterdrückung

Freiheit

Posa

Vorwürfe

Eifersucht

Eifersucht

politisches Vermächtnis

Fluchtmöglichkeit

ergebung des Diebstahls estrafung des Ehebruchs

Elisabeth

Aufträge Posas

Carlos

**Kampf um politische/religiöse Macht:
gegensätzliche Vorstellungen von Staat und
Herrschaft**

Inhalt, Aufbau und erste Deutungsansätze

Vorbemerkungen

Verwickelte Handlung

Im Drama „Don Carlos" verwickeln sich mehrere Handlungsstränge und unterschiedliche Interessen zu einem komplizierten Geflecht, in dem oft Briefe eine maßgebliche Rolle spielen. Als einen Grund für diese Komplexität nennt Schiller selbst die lange Entstehungszeit des Dramas, in der er sich selbst verändert habe und die Gewichte sich von der Titelfigur auf Marquis Posa verlagert hätten (vgl. S. 278 f. im Anhang der Textausgabe). Mit der Bedeutung dieser Figuren verändern sich auch die Themen. Während in den ersten Aufzügen Liebesbeziehungen und der Vater-Sohn-Konflikt und damit private Angelegenheiten im Mittelpunkt stehen, konzentriert sich der zweite Teil auf politische und religiöse Grundsatzfragen und Auseinandersetzungen. Ungeachtet der inhaltlichen Vielfalt liegt dem Schauspiel „Don Carlos" die pyramidale Bauform eines klassischen Dramas zugrunde, wie sie Gustav Freytag[1] in dem Buch „Die Technik des Dramas" beschrieben hat. Er identifiziert mit der Exposition, der Steigerung, dem Höhepunkt, der fallenden Handlung und der Katastrophe fünf Teile, die weitgehend den Akten entsprechen, den Verlauf des Konflikts und der Spannung gliedern und damit die dramatische Entwicklung strukturieren.

Private und politische Themen

---

[1] Literaturwissenschaftler, Journalist, Politiker und Schriftsteller (1816–1895)

Die Pyramidenform des klassischen Dramas nach Gustav Freytag

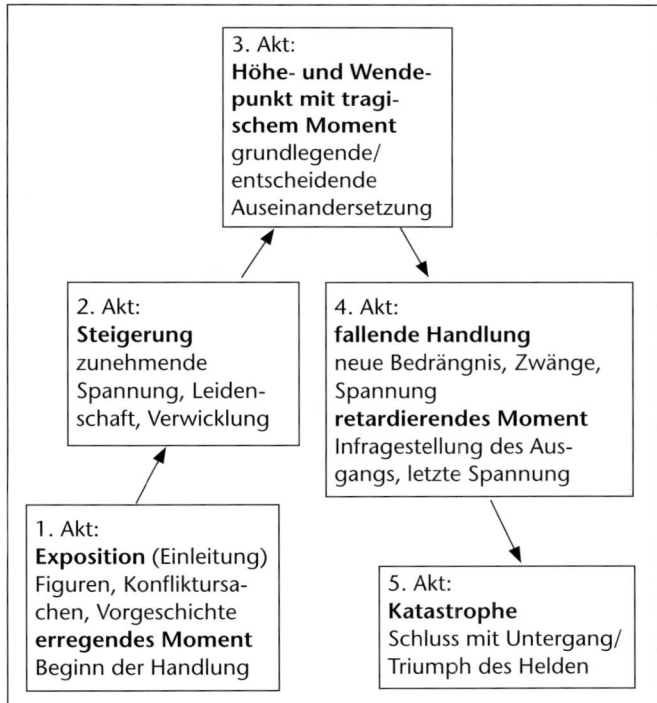

3. Akt:
Höhe- und Wende-punkt mit tragi-schem Moment
grundlegende/
entscheidende
Auseinandersetzung

2. Akt:
Steigerung
zunehmende
Spannung, Leiden-schaft, Verwicklung

4. Akt:
fallende Handlung
neue Bedrängnis, Zwänge,
Spannung
retardierendes Moment
Infragestellung des Aus-gangs, letzte Spannung

1. Akt:
Exposition (Einleitung)
Figuren, Konfliktursa-chen, Vorgeschichte
erregendes Moment
Beginn der Handlung

5. Akt:
Katastrophe
Schluss mit Untergang/
Triumph des Helden

Der Untertitel „Ein dramatisches Gedicht" verzichtet auf eine genaue Gattungsbestimmung, obwohl das Drama leicht als Tragödie zu erkennen ist. Mit der Bezeichnung *Gedicht* hebt Schiller hervor, dass das Schauspiel in Blank-versen verfasst ist, fünfhebigen Jamben ohne Endreim. In dieser Form lässt sich die deutsche Sprache besonders gut gestalten. Der Dichter ersetzt die ungebundene, natürliche Rede seiner frühen Dramen durch die Verssprache, weil nur so ein vollkommenes Werk entstehen könne (vgl. S. 277, Z. 20–32). Außerdem spielt das Drama „Don Carlos" auf

Versform

der Ebene des Hochadels und nicht mehr in der bürgerlichen Sphäre. Entsprechend dem hohen Rang der Figuren veredelt Schiller auch deren Sprache und erhebt sie dadurch über die Wirklichkeit hinaus, der sich die Epoche des Sturm und Drang engagiert zugewandt hatte.

Der erste Akt: Exposition (Carlos, Posa, Elisabeth)

Szenen I/1, 2 im Garten von Aranjuez: Die seelische Not von Carlos und ihre Gründe

I/1: Die spanische Königsfamilie und ihre Hofgesellschaft befinden sich noch in der Sommerresidenz, doch die Rückkehr in die Hauptstadt Madrid steht bevor. Am Ende des Aufenthalts scheint sich Domingo, als Beichtvater des Königs dessen enger Vertrauter, fürsorglich um Carlos zu kümmern. Tatsächlich will er aber wissen, was den Infanten seit acht Monaten bekümmert, und ihn bewegen, darüber zu sprechen. Er kann sich die düstere Stimmung des Kronprinzen nicht erklären, weil er dessen Stolz und Entschlossenheit erlebt hat, als ihm die spanischen Fürsten huldigten. Nicht nur er, sondern das Königspaar und der gesamte Hof rätseln über die Verschlossenheit des Thronfolgers und machen sich große Sorgen.

Rätselhaftes Schweigen von Carlos

Das Wort „Mutter" (V. 27–29) reißt Carlos aus seinem Schweigen, denn er verbindet es mit Unglück: Er beschuldigt sich des „Muttermord[s]" (V. 33) – seine leibliche Mutter starb bei seiner Geburt – und auch seine jetzige Stiefmutter bereitet ihm Verdruss. Domingo entgegnet, dass ganz Spanien die Königin liebe und sie einst, bevor Philipp sie geheiratet habe, die Braut des Sohnes gewesen sei. Dessen Missfallen würde sie verletzen und sie habe zuerst an ihn gedacht, als auf einem Turnier die Verwundung des Königs bekannt wurde. Der Infant durchschaut jedoch, worum es dem Priester eigentlich geht, nämlich im Auftrag des Königs das Geheimnis zu lüften, das der Sohn

Unglückliche Mutterbeziehungen

Ausforschung im Auftrag des Königs

sorgsam hütet. Deshalb gibt sich Domingo als Freund und Helfer des Thronfolgers aus, wovor dieser ihn warnt, um die kirchliche Karriere nicht zu gefährden (vgl. V. 76–82). Der Prinz könne, so der Priester, in der Beichte unter dem Siegel der Verschwiegenheit sagen, was ihn bedrücke. Dieses Angebot weist Carlos aber empört zurück, weil er weiß, dass ihn sein Vater überwachen lässt. Als Domingo weggegangen ist, bedauert der Thronfolger seinen Vater, der das entsetzliche Geheimnis durch sein Misstrauen enthüllen wird (vgl. V. 123–128). Worin es besteht, fragt sich der Leser/die Leserin mit dem König, der Königin und der ganzen Hofgesellschaft am Ende der Eröffnungsszene.

In ihr deuten sich schon Konstellationen und Konflikte an: der große Einfluss der katholischen Kirche, der sich erst in den beiden Schlussszenen des Dramas in vollem Umfang offenbart, der staatliche Überwachungsapparat, der zu vorsichtigem Reden zwingt, das gestörte Verhältnis zwischen Vater und Sohn, dessen heikle Beziehung zu seiner Stiefmutter und das Verbergen der wahren Absichten. Indem Carlos das geheuchelte Wohlwollen des Priesters durchschaut und zurückweist (vgl. V. 69–74, 105–115), stellt er sich von Anfang an gegen den Vertreter der kirchlichen Macht. In der ersten Szene deutet sich an, dass in dem Drama vieles heimlich geschieht oder nur angedeutet oder vorgespielt wird. Deshalb ist es nicht immer leicht, dem Lauf des Geschehens zu folgen. Oft klärt es sich erst durch spätere Ereignisse.

Andeutung von Konstellationen und Konflikten

I/2: Überraschend kommt Posa zu seinem Freund Carlos, der sich übermäßig freut und sicher ist, dass das Glück dieser Begegnung seine seelischen Wunden heilt. Er fragt den Marquis, warum er unerwartet aus den niederländischen Provinzen nach Spanien zurückkehre. Doch sofort empfindet er dies als Verhöhnung des göttlichen Plans, mit dem einzigen ihm nahestehenden Menschen gerade in

Überraschende Ankunft Posas

Veränderung des Infanten

dem Moment zusammenzutreffen, in dem er seiner dringend bedarf. Posa wundert sich über die Veränderung des Freundes, seit er ihn verlassen hat. Denn er wirkt krank und glaubt nicht mehr an die Rettung der unterdrückten Niederlande und eine politische Erneuerung in Spanien, die sie sich als Studenten gemeinsam vorgenommen haben und die der Thronfolger jetzt als Jugendträume abtut (vgl. V. 169–172, 177–179). Stattdessen sucht er die Nähe eines Menschen, in dessen Armen er sich ausweinen kann (vgl. V. 180–190), der ihn versteht und der mit einer Träne sein Mitleid zeigt, die wertvoller sei als die Gnade des Königs (vgl. V. 194–202).

Versprechen des Marquis in Kindertagen

Verzweifelt und erniedrigt bittet er den Freund, das Versprechen uneingeschränkter Freundschaft zu erfüllen, das dieser in Kindertagen dem künftigen Monarchen gegeben hat. Er erinnert daran, dass er sich von dem geistig überlegenen Spielkameraden gedemütigt fühlte, der die Liebe des Infanten mit kaltem Stolz erwiderte und ihm nur Ehrfurcht entgegenbrachte. Um das Herz des jungen Posa dennoch zu gewinnen, ließ er sich damals an dessen Stelle „Auf Sklavenart" – mit blutigen Schlägen – hart bestrafen (V. 250–256). Trotz großer Schmerzen habe er nicht geweint, was er mehrfach betont (vgl. V. 253, 255, 257), dadurch den Freund zu Tränen gerührt und die Distanz überwunden. Der Marquis erklärt sich bereit, sein Gelübde jetzt einzulösen und dem Kronprinzen ein liebevoller Zuhörer zu sein.

Die belastenden Geheimnisse des Kronprinzen

Carlos lüftet nun das „entsetzliche[ ]/Geheimnis", das „auf meiner Brust [brennt]" (V. 266 f.), in einem einfachen, aber explosiven Satz: „Ich liebe meine Mutter." (V. 271) Was diese Worte für ihn bedeuten, beschreibt er schonungslos: nicht mehr zu steigerndes Elend, Aufhebung der natürlichen und sittlichen Ordnung, Angriff auf die Ehe seines Vaters (vgl. V. 272–279). Ihm ist klar, dass er ohne Hoffnung liebt und sein junges Leben auf dem Schafott oder im

Wahnsinn enden wird. Die Frage des Marquis, ob die Königin von seiner Neigung wisse, verneint er: Die eifersüchtige Wachsamkeit Philipps und das Hofzeremoniell verhinderten jedes Zwiegespräch. Seit acht Monaten leide er entsetzlich darunter, seine heftigen Gefühle verbergen zu müssen. Nichts wünsche er mehr, als Elisabeth zu sprechen. Als durch Posa die Sprache auf den Vater des Prinzen kommt, will dieser davon nichts hören. Auch der Vermutung, er hasse Philipp, widerspricht er. Vielmehr erzeuge der „fürchterliche[ ] Name[ ]" Angst und Schuldgefühle (V. 306 – 308). Jetzt beklagt er doch – entgegen der ersten Abwehrreaktion – „eine knechtische/Erziehung" ohne Liebe (V. 309 – 311). Der Vater war ihm fremd, als er ihn im Alter von sechs Jahren zum ersten Mal gesehen habe – beim Unterschreiben von Todesurteilen. Später sei er ihm nur noch begegnet, als er dem Sohn Strafen ankündigte. Da Posa ihn zum Weiterreden auffordert, um ihm Erleichterung zu verschaffen, berichtet Carlos von seinen Gebeten um kindliches Vertrauen zum Vater, die aber nicht erhört worden seien. Er fragt sich, wie Gott und Natur derart extreme Gegensätze zusammenbringen konnten, und vergleicht ihr Verhältnis mit „zwei feindliche[n]/Gestirne[n]" (V. 341 – 345), die sich nur einmal nähern und dabei zerstören: durch die Liebe zu derselben Frau. Träume und Denkzwänge führen den Prinzen an einen Abgrund: den Bruch mit dem Vater und somit mit dem König.

Vater-Sohn-Beziehung

Posa erfährt, was Carlos vor anderen verbirgt

Er liebt seine (Stief-) Mutter	Sein Vater ist ihm fremd
• nicht mehr zu steigerndes Elend • Widerspruch zu jeder gesellschaftlichen Einschränkung der Liebe • Infragestellung der väterlichen Ehe • Todesgefahr, Hoffnungslosigkeit, Geistesverwirrung • fehlende Möglichkeit, seine Gefühle der Geliebten mitzuteilen	• ohne Bindung und Liebe zum Vater • erstes Zusammentreffen im Alter von sechs Jahren beim Unterschreiben von Todesurteilen • weitere Begegnungen nur bei der Anordnung von Strafen für den Sohn • nicht erhörte Gebete um ein besseres Verhältnis • Vater und Sohn als „feindliche/Gestirne" (V. 341–345), die sich nur ein einziges Mal nähern und zerstören: durch die Liebe zu derselben Frau • Bruch mit dem Vater

Reaktionen Posas — Der Marquis schweigt zunächst (vgl. V. 357), um das Gehörte zu verarbeiten und um nachzudenken, was zu tun sei. Dann bittet er Carlos dringend, nichts ohne ihn zu unternehmen, und erläutert, wie er ihm ein geheimes Treffen mit der Königin ermöglichen wolle. Es müsse in der ländlichen Abgeschiedenheit von Aranjuez und deshalb sofort stattfinden. Er hofft, dass sich die in Frankreich aufgewachsene Elisabeth in Spanien nicht verändert habe, und der Kronprinz vertraut auf die Unterstützung durch die Hofdame, der Marquisin Mondecar.

Kontrast der beiden ersten Szenen — Durch die Personen, mit denen Carlos spricht, seine Beziehung zu ihnen sowie das Ergebnis der Dialoge stehen die erste und zweite Szene im Kontrast zueinander: Dem Beichtvater des Königs begegnet der Infant verschlossen und misstrauisch, Posa dagegen offen und zuversichtlich.

Dieser findet einen Weg, den sehnlichsten Wunsch des Freundes zu erfüllen, weil er erkennt, dass er seine politischen Ziele anders nicht erreichen kann. Die Gefühle, die Carlos für seine Stiefmutter hegt, widersprechen jeder Ordnung und zerstören ihn – „und dennoch lieb' ich", erklärt er zweimal (V. 280, 284). Liebe, die keine Grenzen akzeptiert, gehört zu den wichtigen Themen der Epoche des Sturm und Drang (vgl. Übersicht III auf S. 163). Die Unterredungen des Kronprinzen mit Domingo und Posa finden abseits der höfischen Gesellschaft statt, der sich die nächsten Szenen zuwenden.

Grenzenlose Gefühle als Thema der Epoche des Sturm und Drang

Szenen I/3–9 in der ländlichen Sommerresidenz: das Gespräch zwischen Carlos und Elisabeth und die Folgen

I/3: Elisabeth unterhält sich mit ihren Hofdamen. Zunächst reden sie darüber, ob sie lieber auf dem Land oder in der Hauptstadt leben. Prinzessin Eboli und die Marquisin Mondecar zieht es nach Madrid, wo Stierkämpfe und feierliche Hinrichtungen Abwechslung versprechen. Die Herzogin Olivarez legt sich nicht fest und beruft sich auf die Tradition, an wechselnder Orten zu leben. Die Königin dagegen fühlt sich in Aranjuez am wohlsten. Die ländliche Natur erinnert sie an ihre Kindheit und ihre französische Heimat. Glaubensgerichte und Ketzerverbrennungen in der Stadt lehnt sie dagegen ab. Schon dadurch distanziert sie sich von ihrer Umwelt am spanischen Königshof. Hierauf wechseln sie das Thema und die Oberhofmeisterin fragt Eboli, ob sie den Grafen Gomez zu heiraten gedenke. Elisabeth, die sich für ihn einsetzen soll, unterscheidet zwischen der „königlichen Gunst" (V. 444), in der er stehe, und seiner Fähigkeit zu lieben. Die Prinzessin gerät in Panik, fleht, sie nicht diesem Mann zu opfern, und findet Verständnis bei der Königin. Diese wundert sich jedoch, dass Eboli bei einer ihrer weiteren Fragen sofort von Carlos spricht, geht aber nicht weiter

Gespräch der Königin mit ihren Hofdamen

Distanz zum Königshaus

darauf ein. Sie möchte vielmehr ihre Tochter sehen, erfährt aber mit Befremden, dass das nur zu festgesetzten Zeiten geschehen könne. Schließlich meldet ein Page Marquis von Posa, der aus Frankreich Briefe von Elisabeths Mutter überbringe. Da unklar ist, ob das strenge Protokoll Derartiges erlaubt, empfängt sie ihn auf eigene Faust und erlaubt der Zeremonienmeisterin, solange wegzugehen.

Die Szene bereitet wie die folgende das Zusammentreffen von Carlos und der Königin vor und wirft einen Blick auf deren höfisches Leben, die Gesprächsthemen und die einengenden Umgangsregeln. Dabei wird deutlich, dass die

in Frankreich freier aufgewachsene Königin sich am spanischen Hof fremd fühlt. Ihr an Eboli gerichteter Satz „Es ist/ Ein hartes Schicksal, aufgeopfert werden" (V. 452f.) lässt erkennen, dass sie selbst diese Erfahrung machen musste.

Wiederbegeg-
nung Posas mit
der Königin nach
längerer Zeit

I/4: Elisabeth und Posa tauschen zu Beginn ihres Gesprächs Komplimente und Erinnerungen aus. Sie staunen über das bei ihrer letzten Begegnung noch Unvorstellbare, dass die französische Prinzessin nun spanische Königin ist (vgl. V. 491–498). Der Marquis berichtet von ihrer Mutter in Frankreich, dass sie krank sei und nur noch das Glück ihrer Tochter im Sinn habe. Die Königin geht dann auf die Absicht Posas ein, sich nach seinen Reisen ins Privatleben zurückzuziehen, um frei zu sein, bezweifelt aber, dass ihm das in Madrid gelinge. Es herrsche dort – erzwungene – Ruhe. Doch der Marquis stellt das als Vorzug dar, den es sonst nirgends in Europa gebe.

Als Prinzessin Eboli hören will, was Posa, der Malteserritter, von seinen Reisen zu erzählen habe, kommt ein kurzer Disput über Ritter, ihre Pflichten und die Existenz von Riesen auf, vor denen Damen zu beschützen seien. „Gewalt/Ist für den Schwachen jederzeit ein Riese" (V. 540f.), so der Marquis, die Königin aber vermisst Ritter, die dagegen kämpfen. Der Dialog über ritterliche Tugenden spielt damit indirekt auf die politischen Verhältnisse in Spanien an: die Verfolgung von Menschen, die sich nicht zum katholischen Glauben bekennen, und die Unterdrückung persönlicher Freiheiten.

Nun erzählt Posa eine Geschichte, die das Schicksal von Carlos und Elisabeth spiegelt und bewirken soll, dass die Begegnung zwischen beiden zustande kommt. Die Hauptfiguren der Geschichte, Fernando und Mathilde, waren vorgesehen, durch ihre Heirat zwei feindliche Familien in Mirandola zu versöhnen. Der Onkel des Bräutigams verliebt sich jedoch ebenfalls in die schöne Braut, nachdem seine Frau gestorben ist, und heiratet sie. Als Fernando die Geliebte zum ersten Mal sieht, findet gerade das Hochzeitsfest statt. Auf das Ende der Geschichte verzichtet der Erzähler wegen ihres traurigen Ausgangs, wie er sagt, in Wahrheit aber deshalb, damit Elisabeth ihr eigenes Erleben und Fühlen damit in Verbindung bringt. Sie schickt Prinzessin Eboli ein zweites Mal weg, um ungestört mit Posa reden zu können, liest die Briefe, die ihr der Marquis vorher übergeben hat, und ist überrascht, weil sie die Unterdrückung in den Niederlanden dokumentieren (vgl. V. 808). Der Ritter bespricht sich zwischenzeitlich mit der Marquisin Mondecar, die den Infanten unterstützt (vgl. V. 378 – 380).

Die Königin kommt tatsächlich auf Mathilde – sie selbst – und auf das Leid von Fernando – Carlos – zurück. Posa fasst die Haltung beider Frauen konzentriert zusammen: „Doch große Seelen dulden still." (V. 613) Jetzt hält er den Augenblick für gekommen, den Thronfolger ins Spiel zu bringen. Er erwähnt eine unbestimmte Person, die glücklich wäre, wie er mit Elisabeth sprechen zu können, und da sie nach dem Schuldigen fragt, der dies verhindert, überrumpelt er sie, sofort mit dem ehemaligen Geliebten zu reden.

In dem Auftritt kommen mit der Königin und Posa zwei Figuren zusammen, die von Anfang an miteinander vertraut und verbündet sind und es bis zum Schluss des Dramas

Geschichte von Fernando und Mathilde

Elisabeth in der Rolle Mathildes

Überrumpelung der Königin

Vorbereitung der Hauptszene des 1. Akts

bleiben. Der Marquis will mit seiner Parallelerzählung erreichen, dass Elisabeth Mitleid mit dem Infanten empfindet,
seinen Wunsch versteht und zu einem Treffen mit ihm bereit
ist. Dieses findet in der nächsten Szene statt, der wichtigsten des ersten Akts, auf die alle vorausgehenden hinführen.
Mit der Freiheit, die Posa anstrebt (vgl. V. 517–519), und
der Vorstellung von Gewalt als einem Riesen, vor dem sich
Schwache fürchten (vgl. V. 540f.), deutet sich das grundlegende Konfliktpotenzial des Schauspiels an.

Gegensätzliche Reaktionen **I/5:** Während Carlos, allein mit der Königin, den Augenblick seines größten Glücks „ewig" (V. 629) festhalten
möchte, rügt sie sein dreistes Erscheinen in der Nähe ihres
Gefolges scharf. Sie droht, den König zu unterrichten (vgl.
V. 635–637), und drängt ihn, sie zu verlassen (vgl. V. 650,
652). Der Kronprinz lässt sich davon aber nicht abschrecken und fürchtet nicht einmal den Tod, denn ein zweites
Mal werde er sie nicht unter vier Augen treffen (vgl.
V. 657–663). Als Elisabeth nach seinen Absichten fragt,
weiß er diese kaum zu artikulieren (vgl. V. 666–669). Voller
Einschätzung von Elisabeths Ehe Bitterkeit erinnert er daran, dass sie seine Gattin werden
sollte und sein Vater sie ihm geraubt habe. Philipp habe sie
aus politischen Gründen geheiratet, ohne sie zu lieben. Sie
habe keinen Einfluss auf ihn, denn sonst würden die niederländischen Protestanten nicht unterdrückt, wirft er ihr
in rhetorischen Fragen vor (vgl. V. 690–693). Die Königin
bestreitet, an der Seite ihres Gatten unglücklich zu sein.
Heirat aus Pflicht oder Liebe? Dessen Zuneigung und Achtung rührten sie und sie wolle
ihn ehren. Mit größtem Erstaunen fragt Carlos zweimal fast
wortgleich, ob Elisabeth nie geliebt habe, „[w]eil es Ihr
Herz, weil es Ihr Eid verbietet?" (V. 713–718). Sie verweist
auf ihre Pflicht und das unerbittliche Schicksal. Doch
solchen Zwang lehnt der Liebende vehement ab, stattdessen will er seinen Glücksanspruch mit allen Mitteln

durchsetzen. Nach einem langen, durchdringenden Blick auf ihn stellt sie sarkastisch, aber „mit Würde und Ernst" (Regieanw. nach V. 733) dar, was das heißt: Tod des Vaters, Auslöschung aller Erinnerungen an ihn, Hochzeit mit der Mutter (vgl. V. 734–744). Erschüttert erfasst der Infant erst jetzt ganz, dass die Königin für ihn verloren ist (vgl. V. 745–751). Elisabeth leidet mit ihm, appelliert aber ebenso an ihn, den großen Schmerz zu besiegen und sich dadurch seiner königlichen Abstammung würdig zu erweisen (vgl. V. 755–763). Seinen Einwand, dass er übermenschliche Kräfte besitze, die Geliebte zu erringen, jedoch keine, auf sie zu verzichten, führt sie auf Trotz und Stolz zurück (vgl. V. 778–782). Sie fordert ihn auf, seine Liebe seinem Reich zuzuwenden, nicht seiner Mutter. Diese Vorstellung überwältigt Carlos. Er schwört, dass sein Verlangen nach der Königin verstummen, aber nicht vergessen wird, und dieser Haltung schließt sich Elisabeth ausdrücklich an. In diesem Moment kündigt Posa den König an, erzeugt damit Angst und Schrecken und fordert den Prinzen zum Weggehen auf. Dieser will zunächst bleiben, verschwindet dann aber doch, als Elisabeth ihn fragt, wer für den Frevel büßen müsse. Sie versichert ihm ihre Freundschaft und gibt ihm die Briefe, die das Leid in den Niederlanden schildern und die sie in der vorausgehenden Szene von Posa erhalten hat.

Unerreichbarkeit der Königin

Liebe für das Reich

Erschrecken beim Erscheinen des Königs

In diesem Auftritt gelingt es der Königin, die auf sie gerichtete Fixierung des Kronprinzen und damit seine Lethargie zu überwinden. Dadurch wird er frei, die ihm von Posa zugedachte Rolle zu spielen. Die Unterredung besteht aus zwei unterschiedlichen Teilen: den ersten dominiert Carlos mit seinen Emotionen, den zweiten Elisabeth mit ihrer Besonnenheit. Zu ihr findet die Königin nach der überfallartigen Zudringlichkeit des Prinzen zurück. Während Carlos vom eigenen Willen getrieben ist (vgl. V. 629 f.), beruft sich

Überwindung der Lethargie

Unterschiedliche Redeanteile

Wollen und Müssen

Elisabeth auf ihre Pflicht (vgl. V. 719), das Müssen. Mit ihrer Tugendhaftigkeit gibt sie dem Thronfolger ein Vorbild, sich der Aufgabe zu stellen, die ihm durch seine Abstammung vorgegeben ist (vgl. V. 768–777, 782–785).

Befremden des
Königs

I/6: Sowohl das Schweigen als auch die ersten Worte des Königs, der mit seinem Gefolge erscheint, bringen sein Befremden zum Ausdruck, die Gattin gegen die ihr auferlegten Regeln allein anzutreffen. Ihre freundliche Anrede „Mein gnädigster Gemahl" unterbricht er mit der elliptischen Frage „Warum allein?" (V. 812) streng und schneidend. Er verlangt zu wissen, wer die Köni-

Elisabeth von Valois und Philipp II.
im Garten von Aranjuez
(Städtische Bühnen Frankfurt 1966)

gin zu begleiten hatte. Diese bekennt sich schuldig, Prinzessin Eboli weggeschickt zu haben. Der Monarch fragt

Bestrafung und
Verteidigung
der Hofdame

nach der zweiten Dame und bestraft die Carlos gewogene (vgl. V. 378–380) Marquisin Mondecar, weil sie ihr regelwidriges Verhalten gesteht, hart, indem er sie zehn Jahre aus Madrid verbannt. Elisabeth, auf die sich in gespannter Stille alle Blicke richten, verwahrt sich dagegen, als Königin beschämt, verurteilt und bewacht zu werden (vgl. V. 828–835). Sie möchte nicht, dass eine ihrer Hofdamen ihretwegen Tränen vergießt. Deshalb vergibt sie der Marquisin, schenkt ihr ihren Gürtel als Zeichen der Verbundenheit und rät ihr, nach Frankreich zu gehen, wo andere Sitten – Ungezwungenheit und Freiheit – herrschten.

Von solcher Großmut gerührt, begründet Philipp seine
Entscheidung mit seiner Liebe und Fürsorge (vgl.
V. 846–849). Wie er sich mit ganzer Kraft um sein riesiges
Reich kümmere, wolle er auch seine Ehe dadurch sichern
(vgl. V. 847–859). Er ignoriert, dass Elisabeth zu Worten
des Bedauerns ansetzt (vgl. V. 859f.), und betont, dass
seinen Reichtum und seine Macht auch andere vor und
nach ihm besäßen, Elisabeth jedoch nur ihm allein gehöre.
Diese persönliche Seite sei die einzige Schwachstelle des
absoluten Herrschers. Als die Königin fragt, wovor er sich
fürchte (vgl. V. 868), verneint er nicht nur rhetorisch das
Alter als möglichen Grund, sondern er bestreitet die Furcht
generell (vgl. V. 868–870). Dann wendet er sich den
hohen Adligen um ihn herum zu, unter denen er seinen
Sohn vermisst. Er ist darüber, dass der Thronfolger seinen
Vater meidet und seinen Gefühlen unterworfen ist, bestürzt
und empfiehlt, vor ihm auf der Hut zu sein (vgl.
V. 872–878). Während Herzog Alba sich vorbehaltlos vor
den König stellt, verteidigt Graf Lerma den Infanten: Dieser
sei zwar seinen Emotionen ausgeliefert, im Grunde seines
Herzens aber ein guter Mensch (vgl. V. 887f.). Solche
Argumente, die den Vater beschwichtigen, ordnet der
König jedoch den Notwendigkeiten des Herrschers unter.
Er kündigt an, als oberster Wächter des katholischen Glaubens am nächsten Tag zahlreiche Ketzer, die von der vor-
geschriebenen Lehre abweichen, zur Abschreckung in
einer feierlichen Zeremonie verurteilen und verbrennen zu
lassen.

Die Szene zeigt die Folgen des Gesprächs zwischen Elisabeth
und Carlos auf der Seite des Königs. Der mächtige Monarch
befürchtet, dass seine Gattin untreu werden könnte, und
unternimmt alles, um dies zu verhindern. Seine selbstbewusste Gattin verlangt jedoch, ihren königlichen Rang zu
respektieren und ihr zu vertrauen. Außerdem bestätigt sich,
dass Philipp seinem Sohn verständnislos und misstrauisch

Marginalien:
Liebe und
Fürsorge
Philipps

Befürchtungen
des absoluten
Herrschers

Verhalten
des Sohnes

Funktion
der Szene

gegenübersteht. Mit der Anordnung des Ketzergerichts tritt er für die Zuschauerinnen und Zuschauer als Gegenspieler Posas auf den Plan.

Rettungsplan für die Niederlande

I/7, 8: In den beiden kurzen Szenen treffen Posa und Carlos nach dessen Gespräch mit der Königin, das ihn völlig verändert hat, wieder zusammen. Mit den Briefen aus den Niederlanden in der Hand, die vom Marquis über Elisabeth zu dem Infanten gelangten und deren erschreckenden Inhalt er inzwischen kennt, ist er zur Rettung des unterdrückten Volkes entschlossen. Am nächsten Tag will er auf das Amt des Gouverneurs, das Philipp bereits Herzog Alba übertragen hat, selbst Anspruch erheben (vgl. V. 905 ff.). Darüber hinaus hofft er, in direkter Aussprache mit seinem Vater dessen Wohlwollen zu gewinnen (vgl. V. 912–918).

Rangordnung und höfisches Zeremoniell als Spiel

Als Graf Lerma den Befehl überbringt, nach Madrid zu gehen, nimmt Carlos den Inhalt des Befehls mit der Bemerkung vorweg, die Aufforderung zu befolgen. Posa tut so, als verabschiede er sich von dem Prinzen nach allen Regeln der Rangordnung und des Zeremoniells, und dieser reagiert in gleicher Weise. Einen Moment lang verzichten sie auf den gewohnten vertraulichen Ton, um ihre Freundschaft vor Lerma zu verbergen.

Dramatische Konflikte – auf familiärer und politischer Ebene

In der siebten Szene zeichnet sich ab, wie Carlos das der Königin gegebene Versprechen, seine Liebe Spanien zuzuwenden, mit Posa umzusetzen gedenkt. Durch die Briefe mit der Not der unterdrückten Niederländer konfrontiert, verfolgen Posa, Elisabeth und Carlos die gleichen Ziele, die aber den Absichten und Maßnahmen des Königs entgegenstehen. Daraus entwickeln sich dramatische Konflikte auf der familiären und politischer Ebene. Sie spiegeln sich auch im Gegensatz von Natürlichem und Formellem, dem vom Hofzeremoniell geregelten Umgang zwischen Menschen.

I/9: Wieder allein mit Posa, distanziert sich Carlos von höfischen Regeln, die sie nur im Beisein Dritter einhalten. Er vergleicht diese Regeln mit der Verkleidung auf einem Fastnachtsball, an dem sie, obwohl brüderlich verbunden, als Sklave und Herrscher teilnähmen. Der Marquis befürchtet jedoch, dass dieser Traum der Gleichheit endet, wenn der Infant als König uneingeschränkt regiert. Dann werde der Freund von den Menschen wie ein Gott verehrt. Er habe weder die allgemein gültigen Gesetze zu achten (vgl. V. 952 f.) noch fühle er Mitleid (vgl. V. 957). Sein Reichtum verführe ihn zu einem lasterhaften Leben und Stolz und Prunksucht des Monarchen duldeten freundschaftlichen oder trotzigen Widerspruch nicht mehr. Carlos stimmt Posas schrecklich-wahrer Beschreibung des Herrschers zwar zu, hält sich aber für immun gegen Verführungen. Er verprasse Geist und Kraft nicht in der Jugend, sondern bewahre diese Gaben für die künftigen Aufgaben des Königs auf. Den Einwand, dass die Furcht vor dem Monarchen die Liebe zu ihm verdrängen könnte, entkräftet der Kronprinz mit der Unabhängigkeit des Marquis, der weder nach Reichtum noch nach Ehre strebe. Die Frage von Carlos, wer von ihnen Schuldner oder Gläubiger des anderen sei, irritiert Posa kurz, doch dann gibt er seine Bedenken auf und sie besiegeln ihr Freundschaftsbündnis „[a]uf ewig" (V. 992). Der Infant

Missachtung der höfischen Umgangsformen

Vergöttlichung und Verführung des Monarchen

Dauerhaftes Freundschaftsbündnis

Die Freunde Posa und Carlos: (Schauspielhaus Bochum 2015)

verpflichtet den Marquis, ihn, wenn er König sei, vor Schmeichlern, Mitleidslosigkeit und Hartherzigkeit zu schützen und an seine Herrschertugenden zu eninnern. Er bietet ihm das vertraulich-brüderliche Du als Ausdruck der Gleichheit an und fühlt sich stark genug, alle Widerstände zu überwinden.

Rangunterschiede und Gleichheit

Nachdem der Prinz den Liebesschmerz mithilfe Posas und der Königin überwunden hat und zu handeln entschlossen ist, geht es in der Schlussszene des ersten Akts um das Verhältnis der beiden Gefährten. Trotz der Rangunterschiede zwischen Fürst und Bürger (vgl. V. 968f.) – der Marquis ordnet seine Ideale diesem Stand zu, erneuern sie ihre Freundschaft auf der Basis der Gleichheit. Sie vergewissern sich ihrer auch für die Zukunft, in der Carlos König sein wird. Dessen Macht wiegt die Unabhängigkeit Posas auf.

Zusammenfassung und Funktion des ersten Akts

Der erste Akt, die Exposition des Dramas, konzentriert sich auf die Titelfigur, deren Verfassung und Veränderung sowie auf die Personen, die Carlos wichtig sind: Posa und Elisabeth. Die drei verbindet das Streben nach Freiheit und Menschlichkeit, die in den spanischen Niederlanden missachtet werden. Dadurch entstehen Spannungen zwischen den beiden Freunden und der Königin auf der einen Seite sowie deren Gatten auf der anderen, der auf der Einhaltung seiner strengen Grundsätze besteht. Der Ausgangskonflikt ist jedoch nicht politischer, sondern privater Natur, denn der Kronprinz liebt seine Stiefmutter. Der erste Akt schildert, wie es Posa und Elisabeth gelingt, diese aussichtslose Liebe des Infanten und seine Passivität vorübergehend zu überwinden. Beim Auftreten des Dominikanermönchs Domingo deutet sich dessen zwielichtiges Agieren gleich in der Eröffnungsszene an.

Der zweite Akt: Steigerung und Verwicklung (Philipp, Carlos und Prinzessin Eboli)

Szenen II/1–3 im Königspalast zu Madrid: Vater und Sohn

II/1: Philipp sitzt auf dem Thron unter einem angedeuteten Himmel, den Symbolen der königlichen Macht und der Nähe zu Gott, als Carlos zu ihm kommt. Der Sohn lässt dem anwesenden Herzog Alba den Vortritt, um staatliche Angelegenheiten zu besprechen, doch der König erteilt dem Infanten sofort das Wort. Auf dessen Bitte, allein mit dem Vater reden zu dürfen, entgegnet dieser, dass der Herzog sein Freund sei. Carlos fragt rhetorisch, ob Alba ihm ebenso nahestehe, doch Philipp antwortet in derselben sprachlichen Form, dass er sich nie um dessen Freundschaft bemüht habe (vgl. V. 1026–29). Brüsk lehnt der König Söhne ab, die sich andere Vertraute suchen als ihre Väter. Nun appelliert der Thronfolger an den Stolz des Granden, sich nicht in familiäre Gespräche zu drängen, worauf Philipp den Herzog zornig in einen Nebenraum schickt.

Wunsch nach einem privaten Gespräch

Schon vor der eigentlichen Unterredung zwischen Vater und Sohn sind Distanz und Spannung zwischen ihnen zu spüren. Wütend geht der König auf die Forderung des Thronfolgers ein, private Themen nicht in Gegenwart eines hochrangigen Vertreters der Monarchie zu erörtern. Das folgende Gespräch findet also unter äußerst ungünstigen Bedingungen statt.

Ungünstige Bedingungen

II/2: Carlos versucht, seinen zornigen Vater umzustimmen, indem er ihm auf Knien „im Ausdruck der höchsten Empfindung" (Regieanw. am Anfang der Szene) für die Gnade dankt, ihm nahe sein zu dürfen. Auf die Frage, warum er darauf so lange warten musste, verweigert der König die Antwort schroff (vgl. V. 1044–47). Der Infant führt diese Reaktion auf den Einfluss der geistlichen Berater zurück, rechtfertigt sich damit, dass er zwar sehr emotional sei, aber ein gutes

Vier zurück-
gewiesene
Versöhnungs-
angebote

Tränen als
Ausdruck von
Menschlichkeit

Fremde Vertraute
an der Stelle
des Sohnes

Schönheit eines
harmonischen
Verhältnisses
zwischen Vater
und Sohn

Herz habe, und bietet, von religiösen Gefühlen überwältigt, dem Vater Versöhnung an (vgl. V. 1062–66). Viermal weist Philipp das zunehmende Flehen seines Sohnes, der den Tränen nahe ist, zurück. Wenn Carlos aus verlorenen Schlachten zurückkehre, wolle er ihn in seine Arme schließen, das Eingeständnis von Schuld und Reue lehnt er dagegen ab (vgl. V. 1074–77). Verwirrt vermisst Carlos am König alle menschlichen Züge, die Tränen beglaubigen, und mahnt ihn, das Weinen rechtzeitig zu erlernen (vgl. V. 1078–85). Tränen sind an vielen Stellen des Dramas Zeichen heftiger Gefühlsbewegungen, von Mitleid, Schmerz oder Erleichterung. Sie symbolisieren die empfindsame Seite des Menschen.

Der Prinz versucht, die schweren Zweifel, die er bei seinem Vater verursacht, zu zerstreuen und dessen Herz zu gewinnen. Er greift Alba und Domingo, von dem er abwertend als dem „Mönch" spricht (V. 1094), an: Sie hätten sich den Platz, der dem Sohn gebührte, erkauft, dem König damit dessen Liebe vorenthalten und ließen ihn im Alter einsam zurück. Philipp verteidigt seine Vertrauten zwar und verlangt, sie zu ehren, worüber sich Carlos energisch hinwegsetzt, gesteht schließlich aber ergriffen und nachdenklich ein: „Ich *bin* allein." (V. 1111) Der Infant tritt dieser Selbstoffenbarung sowohl mit seiner Körpersprache als auch mit Worten voller Poesie entgegen. Lebhaft und mit „Wärme" auf den König zugehend (Regieanw. vor V. 1112), fordert er ihn auf, seinen Sohn nicht mehr zu hassen. Er beschwört in Aufzählungen, Parallelismen und Anaphern den Gleichklang liebender Menschen (vgl. V. 1117–19) sowie die Schönheit und das Entzücken, sich im eigenen Kind zu verjüngen. In dessen wohltätigem Handeln lebe der Vater weiter. Dieser pflanze, was jenes einst dankbar ernten werde. Der gerührte Philipp erkennt durch diese Beschreibung jedoch nur, dass ihm solches Glück versagt bleibt. Für Carlos liegt die Ursache darin, dass ihn der Vater wie der Herrscher übergehe, sodass er nur von ferne von dem Geschehen am Hof erfahre. Der

König begründet seine Vorbehalte mit der zerstörerischen Emotionalität des Prinzen (vgl. V. 1146 f.), die sich jetzt in neu erwachtem Tatendrang äußert.

In dieser Verfassung kommt der Thronfolger auf sein eigentliches Anliegen zu sprechen: Er bittet Philipp, nicht Alba, sondern ihn an die Spitze des Heeres zu stellen und mit weitreichenden Vollmachten auszustatten, um die Rebellion in den spanischen Niederlanden zu beenden. Er sei dort beliebt und könne erstmals Ruhm erwerben. Der König aber setzt auf Angst und Schrecken, nicht auf den Namen des Kronprinzen und dessen Menschlichkeit. Er lehnt auch die wiederholte Bitte mit dem zugespitzten Bild ab, „[d]as Messer meinem Mörder" nicht zu überlassen, nämlich „[m]ein bestes Kriegsheer" dem machtgierigen Sohn (V. 1192 f.). Mit dieser harten Antwort findet sich Carlos ebenso wenig ab wie mit der Ablehnung von allem – er betont diese Aussage, indem er das Wort „alles" dreimal sagt (vgl. V. 1204) –, was er verlangt. Dadurch fühle er sich vor dem Hof gedemütigt, denn Fremde genössen die königliche Gunst, von der er ausgeschlossen sei. Als Beweis, dass ihn der Vater schätze, fordert er abermals: „[S]chicken Sie/Mich mit dem Heer nach Flandern." (V. 1218 f.) Als Philipp sich weiteres Drängen zornig verbittet, setzt sich Carlos auch

Eigentliches Anliegen des Kronprinzen

Viermalige Ablehnung des politischen Anliegens

Carlos bittet seinen Vater, das spanische Heer in die Niederlande führen zu dürfen (Schiller Theater Berlin 1939).

darüber mit dem zweimal wiederholten Appell (vgl. V. 1221 f., 1228 f.) und dem Argument hinweg, dass er die bedrückende Atmosphäre in Madrid verlassen müsse und nur außerhalb Spaniens Heilung finden könne. Der König entgegnet jedoch zynisch, dass derartige Krankheiten „gute Pflege" und ärztliche Aufsicht verlangten (V. 1229–31), und legt sich mit seiner Entscheidung „[u]nwiderruflich" (V. 1235 f.) fest.

Verschärfung des Vater-Sohn-Konflikts

Mit den Worten „Mein Geschäft ist aus" (V. 1236) und „in heftiger Bewegung" (Regieanw. danach) verlässt der Infant die Bühne. Die von ihm versöhnlich begonnene Unterredung endet im Eklat, der von Posa entworfene Plan ist gescheitert und die im ersten Akt wiederbelebte Tatkraft des Prinzen verpufft. Weder privat noch politisch lässt sich Philipp von dem jeweils vierfachen Appell seines Sohnes erweichen. In kurzen Erwiderungen weist er die wortreich und emotional vorgetragenen und rhetorisch ausgeschmückten Forderungen und Argumente von Carlos zurück. Ihr Verhältnis scheint wegen dieser Härte des Königs endgültig zerrüttet. Wie geht es mit ihnen, mit Posa und mit dessen Vorhaben weiter?

Sprache, Schwerpunkte und Folge der Unterredung zwischen Vater und Sohn in Szene II/2

Carlos	Philipp
wortreich und emotional vorgetragene, rhetorisch ausgeschmückte Appelle und Argumente:	kurze Erwiderungen:
• Versöhnungsangebote	• viermalige Zurückweisung
• Bedeutung und Aufwertung der eigenen Position gegenüber fremden Ratgebern	• Festhalten an Alba und Domingo, Resignation
• Forderung, sich als Befehlshaber des in die Niederlande zu entsendenden Heeres zu bewähren	• viermalige Zurückweisung

→ **Scheitern des von Posa entworfenen Plans**

II/3: Trotz der starren Haltung gegenüber seinem Sohn bleibt Philipp nachdenklich zurück. Er verlangt von Herzog Alba, sich für den Abmarsch des Heeres in die Niederlande bereitzuhalten und sich von Königin und Infant zu verabschieden. Der Herzog erfährt vom König, dass über ihn gesprochen wurde und dass Carlos die Ratgeber am Hof nicht nur hasse, was Philipp angenehm ist, sondern sie verachte, was ihn und Alba verärgert. Alba will sich über diese Demütigung empören, doch diese Reaktion unterbindet der König mit dem Auftrag, sich mit dem Thronfolger zu versöhnen. Der Monarch konfrontiert den Herzog mit dessen Warnung „[v]or meines Sohnes schwarzem Anschlag" (V. 1254). Sie erklärt den Vorwurf in der vorausgehenden Szene, der Infant plane die Ermordung des Vaters (vgl. V. 1193). Philipp bedauert, Carlos nicht angehört zu haben, wertet dessen Stellung auf und korrigiert damit die eigene Entscheidung.

Nachwirkung des Gesprächs

Diese Sinnesänderung kommt jedoch zu spät, weil sie den Prinzen nicht mehr erreicht. Hätte dieser von ihr gewusst, wäre die gescheiterte Unterredung ganz anders zu Ende gegangen. Das Gespräch zwischen Vater und Sohn stellt deshalb ein Beispiel misslingender Kommunikation dar. Mit der Versöhnung erwartet der König von Alba etwas, wozu er selbst nicht imstande war. Der Herzog soll stellvertretend für ihn handeln und dadurch die geänderte Einstellung zum Ausdruck bringen.

Sinnesänderung des Königs

Beispiel für das Misslingen der Kommunikation

Szenen II/4–6 in einem Saal vor dem Zimmer der Königin: der Brief einer ungenannten Dame und die Folgen

II/4: Ein Edelknabe der Königin übergibt Carlos heimlich den Brief einer Dame, ohne deren Namen zu nennen, und den Schlüssel zu einem abgelegenen Zimmer. Es sei, so ist zu lesen, vor Spionen sicher und seine Liebe, die er bisher nicht offen bekennen konnte, werde dort erhört (vgl. V. 1280–86).

Irrtum über die
Absenderin des
Briefes

Der Infant geht davon aus, dass Elisabeth, nicht Prinzessin Eboli die Absenderin sei; er wird von leidenschaftlichen Gefühlen überwältigt und verliert die Fassung. Zweimal fragt er: „Sie gab dir selbst den Brief?" (V. 1266f.) Er muss die Antwort des Boten glauben, weil er die Handschrift nicht kenne[1], erkundigt sich, ob dessen Vater in Diensten des Königs stehe, und argwöhnt, dass der Brief von Philipp stamme, weil er eine Falle vermutet (vgl. V. 1277). Schließlich überlässt er sich seinem Glück, das ihn völlig veränderte (vgl. V. 1298–1300). Als der Page verhindern will, dass der Kronprinz an dem ungeeigneten Ort in seinen Gefühlen schwelgt, erstarrt dieser beim Gedanken an den Vater und

Verschwiegen-
heitsgebot

zwingt sich zur Verschwiegenheit, zu der er auch den Edelknaben verpflichtet. Als Überbringer des Briefs sei er in ein gefährliches Geheimnis eingeweiht, was er sich aber nicht anmerken lassen dürfe. Carlos verbietet ihm außerdem, stolz darauf zu sein (vgl. V. 1323–30). Vielmehr müsse er die Gunst, in der er deshalb bei dem Thronfolger stehe, missachten und Mitteilungen nur durch Gesten, nicht durch Worte überbringen, um der Überwachung zu entgehen.

Beginn eines
Verwechslungs-
spiels

Mit diesem Auftritt beginnt ein grandioses Verwechslungsspiel, das sich in Szene II/8 voll entfaltet und weitere Verwicklungen nach sich zieht. Nachdem der durch Elisabeth im ersten Akt erwirkte Entschluss von Carlos, Flandern zu retten, an der unversöhnlichen Haltung des Königs scheiterte, fungiert diese Szene als weiteres erregendes Moment, das die Handlung in eine neue Richtung vorantreibt.

Albas gespielte
Versöhnlichkeit

II/5, 6: Herzog Alba, der am Ende der vorausgehenden Szene aus dem Zimmer der Königin gekommen ist, um sich, wie von König Philipp angeordnet, von ihr zu

---

[1] Das stimmt aber nicht, weil er Briefe von Elisabeth besitzt (vgl. V. 3621–26). Diese Ungereimtheit hat Schiller übersehen oder auf sich beruhen lassen.

verabschieden (vgl. V. 1341), spricht Carlos in gespielter Versöhnlichkeit an, um auch dieses Gebot des Königs zu erfüllen (vgl. V. 1350–53 f.). Der Infant, ganz von der erhofften Liebe Elisabeths ergriffen, versucht, ihn abzuwimmeln, und findet keinen Grund für dessen ironische Dankbarkeit. Denn einerseits weiß der Herzog, dass die Unterredung zwischen Vater und Sohn im Streit endete und es darin um ihn und seine Warnung vor Carlos ging, welcher der König inzwischen skeptisch gegenübersteht (vgl. Szene II/3). Andererseits führt der Herzog den Befehl, für den Abmarsch in die Niederlande bereitzustehen, auf die Fürsprache des Prinzen zurück. Dieser widerspricht zwar (vgl. V. 1359 f.), doch als Alba herausfordernd und heuchlerisch Aufträge für die Provinzen zu erwarten vorgibt, weil Carlos kurz zuvor noch diese Position für sich selbst gefordert hat, wiegelt der Infant gleichgültig ab und rechtfertigt die Entscheidung des Königs. Jetzt geht es ihm nämlich darum, in Madrid und damit in der Nähe Elisabeths zu bleiben.

Desinteresse des Infanten

Da Alba nicht weggeht, beendet der Prinz das peinliche Schweigen mit Bemerkungen zu dessen bevorstehender Reise. Ironisch fügt er an, dass der General nach der Ankunft in Brüssel das in ihn gesetzte Vertrauen mit schnellen Siegen bestätigen werde. Alba hält dem Infanten jedoch die verletzenden Worte vor, mit denen dieser ihn von dem Gespräch mit dem Vater fernhalten wollte: „Werd' ich das/In meines Nichts durchbohrendem Gefühle?" (V. 1389 f., vgl. V. 1032–37) Carlos bedauert, die Unterschiede des Standes auf diese Weise herausgestellt zu haben, und sucht das Gespräch erneut zu beenden. Alba aber setzt es mit dem Hinweis auf Fehler fort, die beide begehen: Der Infant eile der Zeit voraus und halte die Monarchie für gesichert; er, der General, verharre dagegen in der Vergangenheit, in der sie durch militärische Stärke, die er verkörpere, erst gegründet werden musste. Das sei

Verletzter Stolz des Herzogs

viel schwieriger, als Thronfolger zu zeugen, und dürfe in ruhigen Zeiten niemals in Vergessenheit geraten. Carlos erkennt neben dem eigenen Stolz, der auf dem Glück seiner königlichen Abstammung beruhe, beschämt den des Herzogs an, der sich um die Krone und den Glauben verdient gemacht habe. Aber dessen grausame, alles unterwerfende Strenge, für die sich ein Vergleich mit der Bestrafung der Missetäter im Jüngsten Gericht[1] aufdrängt, lehnt er ab. Kurz aufflammendes Mitleid für Flandern (vgl. V. 1446 f.) unterdrückt er angesichts der vorab schon ausgestellten Todesurteile, die den Widerstand brechen sollen. Erst jetzt versteht er die Entscheidung seines Vaters: Nicht aus Härte sandte er ihn, den Kronprinzen, nicht in die Niederlande, sondern aus Achtung vor ihm, den die blutige Aufgabe nicht beschmutzen sollte. Diese Beleidigung zwingt Alba eigentlich zum Duell, das ihm gegen den Königssohn aber verwehrt ist (vgl. V. 1457 ff.). Dagegen wiederum verwahrt sich Carlos,

Ursprung des Stolzes: Glück (Carlos) und Verdienst (Alba)

Verständnis für die Entscheidung des Vaters

Beleidigung Albas: Duell

Szene II/6: Carlos lässt beim Erscheinen der Königin vom Duell mit Alba ab (Postkarte nach einem Ölgemälde von Hans Printz).

---

[1] Gericht am Ende der Zeiten, das die Menschen nach ihrer Lebensführung beurteilt. Häufig ist Christus als Weltenrichter dargestellt, der Selige und Verworfene trennt.

sodass es zum Gefecht kommt, das die erschrockene Königin mit dem Namensruf des Infanten beendet. Dadurch gerät dieser völlig durcheinander: Er küsst den völlig verdutzten Herzog, vergibt ihm, bietet ihm Versöhnung an, kniet vor Elisabeth nieder und eilt davon.

Beendigung des Duells durch die Königin

Das Gespräch pendelt zwischen formeller Höflichkeit und stolzer Darstellung der eigenen Leistungen aufseiten Albas sowie Desinteresse und Aggressivität auf der des Kronprinzen hin und her. Die briefliche Einladung aus der vorangehenden Szene bewirkt bei Carlos Gleichgültigkeit gegenüber dem Schicksal Flanderns und damit einen Rückfall in den Zustand vor dem Gespräch mit der Königin im ersten Akt. Sein merkwürdiges Verhalten bei deren Erscheinen stellt den Herzog vor ein Rätsel und bringt ihn ins Grübeln.

Szenen II/7–9 in dem abgelegenen Zimmer der Prinzessin Eboli: Irrtümer, Aufklärung und Folgerungen

II/7: Ort, einfache Kleidung, Lautenspiel und Gesang signalisieren, dass sich die Prinzessin Eboli in ihren Privatbereich jenseits der höfischen Zwänge zurückgezogen hat, wo sie sich ganz ihren Gefühlen überlassen kann. Als der Page die Ankunft von Carlos mit den Worten „er muss/Im Augenblick erscheinen" (V. 1465f.) ankündigt, leitet sie aus dem Müssen auch das Wollen des Prinzen ab. Der Page bestärkt sie in ihrem Glauben, indem er die überschwängliche Freude des Prinzen, geliebt zu sein, schildert, nachdem der Infant den überbrachten Brief gelesen hatte (vgl. V. 1290f., 1469–71). Die ungeduldige Prinzessin drängt den Pagen zu berichten, was er erlebt hat, und spricht dabei ironischerweise unbewusst das Richtige aus: „Er riet/ […] auf eine falsche [Person]?" (V. 1476f.) – nämlich die Königin. Der Bote verneint Ebolis Frage, ob der Infant den Namen der Hofdame genannt habe, und gibt dessen

Offene Liebesgefühle im privaten Bereich

Richtige Fragen und falsche Schlüsse

Begründung wieder, die Spione des Königs, der von ihrem Brief nichts erfahren dürfe, seien allgegenwärtig. Die Prinzessin schließt daraus, dass Carlos das Werben Philipps um sie mit dem „Falkenblick der Liebe" (V. 1511) erkannt habe. Sie ärgert sich über jede versäumte Minute mit dem Prinzen und über Herzog Alba, der ihn aufgehalten hat. Als der Infant sich nähert, gaukelt sie Überraschung vor.

Spannung durch Wissensvorsprung Zuschauerinnen und Zuschauer, Leser und Leserinnen wissen durch diese Szene früher als Carlos und Eboli, dass sich beide täuschen, und sehen dem Zusammentreffen gespannt entgegen. Das Geheimnis der Liebe des Thronfolgers zur Königin löst eine Reihe von Irrtümern aus, deren Andeutungen Folgen das Geschehen weiter verwickeln. Eboli zeigt ihre in Szene I/3 (vgl. V. 456 ff.) versehentlich angedeutete Liebe zu Carlos in diesem Auftritt offen, als sie ungeduldig auf ihn wartet. Umgekehrt klingt eine „Geschichte" an, die Liebe des Königs zu der Hofdame (V. 1509), von der auf der Bühne zwar nur indirekt die Rede ist, in der aber gleichwohl eine Menge Sprengkraft verborgen ist.

Zerschlagene Hoffnung **II/8:** Die Szene beginnt mit einem Paukenschlag, denn Carlos trifft nicht die Königin, sondern eine andere Frau an. Erst glaubt er, sich im Zimmer geirrt zu haben, was die Prinzessin charmant zurückweist. Dann lügt er, von dem unwiderstehlichen Lautenspiel angezogen durch den unverschlossenen Vorsaal zu der Musikerin gestürmt zu sein. Eboli stellt diese Unaufrichtigkeit – sie hat ihm den Schlüssel mit dem Brief ja überbringen lassen (vgl. V. 1258, 1278, 1482) – als Rücksicht dar, um sie nicht zu beschä- Befreiungsversuche men. Schließlich versucht er, sich durch konstruierte Erklärungen aus der vertrackten Situation zu befreien: Er habe ungeschickterweise ihre Ruhe gestört, und ihr verlegenes, in Wirklichket aber ärgerliches Erröten verlange Zurückhaltung von ihm (vgl. V. 1574–76). Die Prinzessin nötigt ihn aber gerade wegen solcher Tugendhaftigkeit zum Bleiben. Der Inhalt der Arie, der Carlos vor dem Eintreten gelauscht hat, leitet zum Thema der Liebe über. Der schöne Text, so der Infant, handle von deren Glück, das jedoch nicht der Wahrheit entspreche, und deshalb könnten sie sich in diesem Punkt kaum verständigen (vgl. V. 1594–1600). Leidenschaftliche, aber unerwiderte und deshalb hoffnungslose Liebe kenne sie nämlich nicht. Die Prinzessin bemerkt, dass er damit seine eigene Lage beschreibt (vgl. V. 1606–08), versteht seine Begriffsstutzigkeit aber nicht. Sie will seinen Schmerz überwinden, indem sie gute Laune verbreitet und die Privilegien des Königssohns aufzählt: Reichtum, Macht und Glanz von Geburt an, Bewunderung durch Frauen, Mittelpunkt des Staats. Der so reich Beschenkte übersieht jedoch, dass Eboli ihn liebt: „Warum denn nur die Augen ihm versagen,/Womit er seine Siege sieht?" (V. 1631 f.)

Seine Gedanken sind währenddessen bei der Arie, die er noch einmal hören möchte (vgl. V. 1632–34) – und damit bei seiner Liebe zur Königin. In Weltuntergangsstimmung (vgl. V. 1639 f.) will er fliehen, doch die Prinzessin hält ihn zurück, beruhigt ihn und lenkt seine Aufmerksamkeit geschickt auf sich selbst als eine Dame, die ihn versteht. Unversehens bittet Carlos die einflussreiche Eboli um ein Empfehlungsschreiben an Philipp. Die Prinzessin vermutet deshalb, dass der Infant weiß, dass sein Vater sie begehrt, und sich deshalb ihrer Liebe verschließt (vgl. V. 1655 f.). Als sie den tatsächlichen Grund der Bitte erfährt, nämlich seinen jetzt wieder kurz auflebenden Wunsch, sich in den Niederlanden Verdienste zu erwerben, bezichtigt sie ihn des falschen Spiels. Sie meint, es durch eine Bandschleife entlarven zu können, die eine Dame – die Königin, wie die

Schmerzliche Liebe des Infanten

Privilegien des Königssohns

Bitte um ein Empfehlungsschreiben

Prinzessin im folgenden Monolog (Szene I/9) schließt (vgl.
V. 1904) – verlor, die Carlos an sich genommen hat und die
er unter seinem Kragen verbirgt. Sie soll beweisen, dass er
anderes im Sinn hat, als er sagt. Eboli berichtet ihm von
Beobachtungen, aus denen sie schließt, dass er sie liebt.
Sie seien in ihrer Flüchtigkeit nur ihr zugänglich gewesen
und ihm gar nicht bewusst: der Partnerwechsel beim Tanz
von der Königin zu ihr; das Zittern beim Erscheinen der
Hofdamen in der Schlosskapelle und die Küsse auf die
Hand der marmornen Marienstatue; der Brief in ihrem
Handschuh beim Kartenspiel. Der Prinz verharmlost diese
Geschichten jedoch als belanglose spielerische Einfälle.
Eboli fragt deshalb ratlos, ob sein Stolz sich hinter der
Maske der Torheit verberge, um sich zu belustigen.

Nach einigem Nachdenken entscheidet sich die Prinzessin
für eine neue Strategie und schildert Carlos ihre doppelte
Bedrängnis, um sein Mitleid zu erregen: Zum einen soll sie
den Grafen Gomez heiraten (vgl. V. 434–460), was der
König befürwortet, zum anderen stellt „diese[r] Heilige[ ]",
Philipp, ihrer „Unschuld" nach (V. 1761 f.), was ein Schreiben von ihm belegt, das sie dem Infanten gibt. Ihr Stolz sei
bisher stark genug gewesen, keinem nachzugeben. Sie
verwahrt sich dagegen, Liebesglück als Ware anzusehen.
Vielmehr sei „[d]ie Liebe […] der Liebe Preis" (V. 1773).
Diese wolle sie verschenken, nicht verkaufen oder darauf
verzichten. Sie untermauert ihre Auffassung mit einem Vergleich aus der Kaufmannswelt, die auch an anderen Stellen
dieser Passage anklingt (vgl. V. 1755–58, 1768–80). Leidenschaftlich vertritt sie den Standpunkt, mit ihrer ganzen
Liebe nur „[e]inen" (V. 1786 f.) zu beglücken und dieses
Gefühl nicht in einzelne Teile aufzuspalten. Dafür verwendet sie die Bilder der in einem Lichtstrahl gebündelten Far-
ben und der Blütenblätter einer Blume (vgl. V. 1788–95).

Anzeichen für die
Liebe des Prinzen

Ebolis doppelte
Bedrängnis

Liebesglück nicht
als Ware, sondern
als Geschenk

Ihre Hoffnung auf die große Liebe halte sie noch vom Rückzug in ein Kloster ab, doch der Auserwählte lasse keine Gegenliebe erkennen: „Ich liebe und bin – nicht geliebt." (V. 1807) Carlos, der beiseite – nur für das Publikum bestimmt und in Klammern gesetzt – die Schönheit der Prinzessin bewundert (vgl. V. 1781) und beklagt, bisher nichts von ihr gehört zu haben (vgl. V. 1799–1801), widerspricht feurig: „Sie sind's, und unaussprechlich." (V. 1809) Diese Worte bestätigen die Botschaft des Pagen in der vorausgehenden Szene (vgl. V. 1468–70) und bestärken Eboli in ihrer falschen Überzeugung. Die zärtliche Umarmung durch den Infanten, sein Lobpreis ihrer liebevollen Ausstrahlung sowie sein Versprechen, sie aus der Hölle „an König Philipps Hof" (V. 1818, 1825) zu retten, versteht sie als Bekenntnis seiner Liebe, um das sie so lange kämpfen musste. Durch den Rückzug seiner Hand, die sie küssen will, und die Frage, wo sie sich jetzt befinde, geht er aber auf Distanz zu dieser Annahme. Deshalb geht sie weiter auf ihn zu und bietet ihm an, Geliebte neben der künftigen Königin, seiner Gemahlin, zu sein. Damit gesteht sie Carlos zu, was sie für sich selbst mit Nachdruck und rhetorischem Schmuck abgelehnt hat, nämlich die Liebe zu teilen (vgl. V. 1783–98). In der Vermutung, dass er sich schon für sie entschieden habe, fragt sie nach der glücklichen anderen Frau, und der Infant offenbart der Prinzessin, die er durch drei Superlative auszeichnet, weil sie „meine Seele ganz versteht": „[I]ch liebe!" (V. 1846–49) Irritiert, dass sie den Satz auf sich bezieht, erfährt er, dass der Schlüssel – und damit auch der Brief – von ihr stammt. Erst jetzt klärt sich der doppelte Irrtum auf, der beide zutiefst erschüttert. Der Infant weist Schuld von sich, Eboli fordert ihn auf, sie sofort zu verlassen, und verlangt den Brief des Königs zurück. Erstaunt erkennt Carlos durch Nachfragen

Scheinbares Liebesbekenntnis von Carlos

Aufklärung des doppelten Irrtums

dessen Tragweite, denn er zielt auf Ehebruch seines Vaters. Damit wäre Elisabeth frei für ihn. Deshalb behält er den Brief und lässt die Prinzessin verzweifelt zurück.

Überlegener
Standpunkt
der Zuschauer

Die Zuschauer verfolgen von einem überlegenen Standpunkt aus, wie sich in einem theatralischen Meisterstück die Missverständnisse zuspitzen und schließlich in einem Eklat enden. Eboli löst mit ihrem Brief an Carlos ein tragisches Verwechslungsspiel aus, dem sich der Prinz nicht entziehen kann, weil seine Liebe zur Königin geheim bleiben muss. Die Hofdame wiederum versucht, ihrem Besucher das Geständnis seiner Liebe zu ihr mit allen Mitteln zu entlocken, obwohl sie sich dadurch in Widersprüche verwickelt. Sie weckt das Mitleid des Infanten und zieht ihn dadurch in ihren Bann, eröffnet ihm mit dem Brief des Königs an die Hofdame aber eine neue Chance, Elisabeth doch noch für sich zu gewinnen.

Erkenntnis-
prozess der
Prinzessin

II/9: Die Prinzessin fühlt sich zu Beginn ihres Monologs verachtet, resümiert aber schnell, dass ihr eine andere Geliebte im Weg stehen müsse, über deren Identität sie grübelt. Einerseits dürfe der König nichts von dieser Liebschaft wissen, andererseits habe dessen briefliches Werben um sie, Eboli, Carlos froh gestimmt, obwohl es die moralischen Normen verletze. Das Wort „Königin" unterbricht ihre Gedanken (V. 1904), sie erinnert sich an die Bandschleife, die Carlos unter dem Kragen trug, und findet die Lösung, die alles erklärt: Die frühere Liebe zwischen dem Infanten und Elisabeth besteht weiter; seine Neigung, die sie irrtümlich auf sich bezog, galt ihrer Herrin. Aus seinem feurigen Kuss, seiner zärtlichen Umarmung und der durch den Schlüssel geweckten Hoffnung, dass er das Zimmer der Königin öffne, leitet sie ab, dass seine Liebe erwidert wird. Eifersüchtig beschuldigt sie Elisabeth, Tugend nur zu heucheln und sich heimlich dem Laster hinzugeben. Sie schwingt sich zur Rächerin auf und beschließt, dem Drängen des Königs nachzugeben. Damit ist sie es, die gegen eigene Grundsätze verstößt (vgl. V. 1761–64).

Eigenmächtige Beschuldigung und Bestrafung der Königin

Die Prinzessin beginnt in größter Erregung ein Selbstgespräch, sucht nach Erklärungen für das Verhalten von Carlos, spricht ihr – falsches – Urteil über Elisabeth und leitet daraus ab, wie sie handeln muss. Damit sind in dem langen Monolog vier Anlässe für diese Sprechweise im Drama versammelt. Im Verlauf des Selbstgesprächs verändert sich die ursprüngliche Verfassung der Hofdame ins Gegenteil: Die Gedemütigte verurteilt eine andere und die hilflos Zurückbleibende entscheidet sich zum Handeln. Ihre in den vorausgehenden Szenen leidenschaftliche Liebe ist in Hass und Rachsucht umgeschlagen.

Funktion des Monologs

Stimmungsumschwung

Szenen II/10–13 in einem Zimmer des Königspalasts: von privater Rache zur politischen Intrige

II/10: Alba berichtet Domingo, was er in den Szenen II/2, 5 und 6 mit Carlos erlebt hat und ihm rätselhaft bleibt: die abrupte Beendigung des bewaffneten Streits durch Elisabeths Blick und die widersprüchliche Reaktion des Kronprinzen, als er, Alba, mit der Mission in den Niederlanden beauftragt wurde. Der König habe ihm diesen Befehl im Zorn erteilt, sodass er sich eher bestraft als geehrt fühle (vgl. V. 1951–62, 1989–2003). Solche Offenheit lockt auch Domingo aus der Reserve, obwohl er den Menschen, die „[s]chwer zu unterscheiden,/Noch schwerer zu ergründen sind" (V. 1968f.), misstraut. Er befürchtet, dass seine Worte gegen ihn verwendet werden könnten, und bedauert, für seine „Gedanken" (V. 1964) und „Gefühl[e]" (V. 1980) keine Beweise – Beobachtungen, Aussagen, Dokumente (vgl. V. 1978f.) – zu haben. Strenge Gesetze erschwerten es

Albas Suche nach Erklärungen

Domingos Misstrauen …

... Analyse und
Lösung

namlich, Leidenschaften spanischer Königinnen aufzudecken. Schließlich erläutert er seine Befürchtungen und seinen „großen Plan[ ]" (V. 2058) dem Herzog.

Erwartete
Neuerungen des
künftigen Königs

Domingo erwartet weitreichende Veränderungen, wenn
Carlos als Nachfolger Philipps regiert, und sieht sein
Lebenswerk gefährdet (vgl. V. 2006–11). Der neue König
orientiere sich nicht mehr an den überlieferten Gewisshei-
ten der katholischen Glaubenslehre, sondern an der Würde
und dem Wohl der Menschen. Er denke eigenständig,
strebe nach Freiheit, kenne die Zwänge des Regierens
nicht und setze sich über ihre, Albas und Domingos, bisherige Politik hinweg (vgl. V. 2032f.). Die von ihm, dem
Priester, unternommenen Versuche, dies zu verhindern,

Unterstützung
Carlos' durch die
Königin

seien erfolglos geblieben. Hinzu komme, dass die Königin
wie der Thronfolger denke und die Neuerungen unterstützen werde. Als Tochter des französischen Königshauses sei
sie Spanien nach wie vor feindlich gesinnt und nutze
Philipps Schwächen aus (vgl. V. 2043–45). Domingo will

Gegenmaß-
nahmen

einer solchen Entwicklung entgegenwirken, indem er den
König mit Gerüchten konfrontiert, Carlos und Elisabeth
seien miteinander verbündet. Prinzessin Eboli spiele in seinem Plan die zentrale Rolle, denn Philipp liebe die Hofdame (vgl. V. 2061f.), was er, Domingo, nach Kräften
unterstütze (vgl. V. 2062f.). Er hoffe auf ihre Zustimmung,
dem Drängen des Königs nachzugeben (vgl. V. 2069–71)
und den Verdacht gegen Carlos und Elisabeth zu schüren.
Seien diese erst einmal entmachtet, solle Eboli als künftige
Königin den Einfluss der bisherigen Ratgeber Philipps
sichern.

Domingos Intrige

Befürchtungen	Sein „große[r] Plan [V. 2058]"
• gravierende Veränderungen, wenn Carlos König wird – eigenständiges, von Glauben und Kirche unabhängiges Denken – Würde und Wohl des Menschen als Aufgabe des Herrschers – Freiheit anstelle von Zwang – erfolglose Gegenmaßnahmen Domingos – Verlust des eigenen Einflusses • Unterstützung Carlos' durch die Königin – Feindschaft des französischen Königshauses Valois – Ausnutzung möglicher Schwächen Philipps	• Gerüchte über die politische und private Verbindung von Carlos und Elisabeth, die beim König Zweifel erzeugen sollen • Prinzessin Eboli als Überbringerin solcher Hinweise • deshalb: Förderung von Philipps Liebe zu der Hofdame (vgl. V. 2062f.) • Ziel: Eboli als Königin

Albas Beobachtungen, insbesondere der vertraute Blick zwischen der Königin und dem Prinzen (vgl. V. 1956–59), ermuntern Domingo, seinen Plan in die Tat umzusetzen: „Jetzt/Ein solcher Wink dem Könige gegeben,/Bewiesen oder nicht bewiesen – viel/Ist schon gewonnen, wenn er wankt." (V. 2047–50) Der Mönch will die Gunst der Stunde nutzen, denn die Prinzessin, die er als Mittel für seine Zwecke einzuspannen glaubt, hat ihn dorthin gerufen, wo sie sich gerade befindet. Alba erhebt anfangs noch Einwände gegen den Plan, lobt dann aber die Weitsicht Domingos und bewundert ihn am Ende der Szene sogar dafür.

Die Szene führt mit Albas Erlebnissen und der Prinzessin Eboli zugedachten Rolle verschiedene Handlungsstränge des zweiten Akts zusammen und gibt dem Geschehen mit der Intrige einen neuen Impuls. Das Ende der vorausgehenden Szene legt nahe, dass die Hofdame Domingos

Alabas Zustimmung des Plans

Verknüpfung von Handlungssträngen

Hoffnungen erfüllen wird. Dass Posa die treibende Kraft der politischen Veränderungen ist, wissen die Vertreter des Unterdrückungssystems allerdings noch nicht.

II/11: Prinzessin Eboli bemerkt mit Befremden die weitere Person in ihrer Nähe und verlangt von Domingo Auskunft, der ihre Fragen mit Ausreden beantwortet: Herzog Alba bitte als Nächster um ein Gespräch, dessen Grund er aber nicht kenne. Ebenso unwissend gibt er sich hinsichtlich seiner Unterredung mit der Prinzessin, für die ein Anlass „von Bedeutung" vorliegen müsse und die ihm ein „lang entbehrte[s] Glück" beschere (V. 2088 f.). Dann kommt er aber doch von selbst ohne weitere Umstände auf sein eigentliches Anliegen zu sprechen: die Erfüllung von Philipps Wunsch, den sie bisher aus unverständlichen Gründen abgewiesen habe. Da Domingo ihre Absage noch zurückgehalten hat, widerruft sie ihren ursprünglichen Entschluss: „Melden Sie/Dem König, dass ich ihn erwarte." (V. 2099 f.) Der Priester kann die überraschende Wendung kaum glauben und fassen, was sie auch „[u]m alle Güter/ Der Welt" nicht möchte (V. 2107 f.). Sie beansprucht die Entscheidung für sich allein; Domingo und die Kirche hätten an dieser Sünde des Ehebruchs keinen Anteil, obwohl sie sich solcher verwerflicher Mittel „[f]ür höhre Zwecke" (V. 2117) durchaus zu bedienen wüssten. Während der wendige Kirchenmann seine eigenen Begründungen verwirft, sobald er sein Ziel erreicht hat, betont Eboli ihre Prinzipientreue. Die „Lage/Der Dinge" habe sich jedoch verändert (V. 2124 f.). Sie habe sich dem Drängen Philipps widersetzt, weil sie annahm, er sei glücklich verheiratet; Elisabeth aber liebe einen anderen und habe „[d]en König,/Ganz Spanien und mich […] betrogen" (V. 2134 f.). Diesen Frevel wolle sie rächen. Sie zahle einen hohen Preis, doch die Königin einen höheren – „das ist mein Triumph" (V. 2144).

Marginalien:

Domingos Ausreden und sein Anliegen

Ebolis Entschluss, den König nun doch zu treffen

Rache für vermeintlichen Betrug

Die Prinzessin entscheidet sich aufgrund von Schlussfolge-
rungen, die nicht zutreffen, und der in Szene II/8 erlittenen Demütigung. Diese sucht sie durch den Triumph über
ihre Rivalin mit einem hohen Einsatz zu kompensieren.
Außerdem ist Ebolis Rechtfertigung für ihre Kehrtwende
unglaubwürdig, denn gegenüber Carlos führte sie ihren
Stolz ins Feld, der ihre Unschuld schütze (vgl. V. 1763f.,
1773–80). Nun beruft sie sich auf eine veränderte Situation. Es stellt sich die Frage, wer wen als Instrument   Wer ist wessen
benutzt. Ebolis dominantes Auftreten legt den Schluss   Instrument?
nahe, dass sie Herrin des Geschehens ist, doch in ihrem
Verlangen nach Rache führt sie letztlich die Pläne von
Domingo und Alba aus.

II/12, 13: Domingo zieht Herzog Alba mit der Bemerkung
zu dem Gespräch hinzu, dass die Prinzessin schon wisse,
was sie ihr mitteilen wollten. Er meint, ohne es auszuspre-
chen, den Betrug Elisabeths am König und an Spanien und
bittet Eboli um einen besseren Ort und Zeitpunkt, um alles
zu besprechen. Alba, der bei derart delikaten menschlichen   Albas Drängen
Beziehungen den Beobachtungen einer Frau eher traut als   auf sofortiges
seinen eigenen, besteht jedoch darauf, dass das „strafbare/   Handeln
Geheimnis" dem König
sofort aufgedeckt wer-
den müsse (V. 2158–62),
und zwar durch die Prin-
zessin. Den Erkenntnis-
sen der Hofdame glaube
Philipp, ihnen dagegen
nicht, weil sie erklärte
Feinde des Prinzen seien
(vgl. V. 2167–70), wie
Alaba und Domingo
klarmachen. Domin-
go widerspricht damit

Alba und Domingo planen mit Prinzessin Eboli die
Intrige gegen Carlos und Elisabeth
(Staatsschauspiel Dresden 2010).

einer früheren Feststellung (vgl. V. 2012). Von Alba erneut zu unverzüglichem Handeln gedrängt, erwägt der Priester,

Briefe als belastende Beweise

Briefe von Carlos an Elisabeth abzufangen oder aus deren Schatulle zu entwenden (vgl. V. 2177–88). Er kommt auf die Idee, einen Boten zu bestechen, verwirft sie jedoch, weil der Infant den Hof verachte und dort keinen einzigen Vertrauten habe. Alba erinnert sich aber an das heimliche Gespräch von Carlos mit dem Pagen der Königin (vgl. die Regieanw. in V. 1341), den die Prinzessin geschickt hat. Sie wiegelt deshalb – auch auf Domingos Nachfrage – heftig ab und lenkt das Gespräch auf das bevorstehende Rendezvous mit Philipp. Sie erwarte, eine Krankheit simulierend, den König in ihrem Zimmer. Die Repräsentanten des alten Systems, das diese vor Kurzem noch bedroht sahen (vgl.

Gefühl der Sicherheit

V. 2006–08), fühlen sich im Bund mit Eboli wieder sicher. Er vereint die Anziehungskraft Ebolis auf den König, symbolisiert durch „Rosen" (V. 2217), militärische Stärke, für die Albas Schlachten stehen, und religiöse Macht, die Domingos Gott verkörpert.

Mit dem Hinweis der Prinzessin, auf welche Weise sie den König empfangen werde (vgl. V. 2210–13), nimmt die Intrige ihren Lauf. Domingo gibt den Wink, wie Eboli an Briefe gelangen könnte, die eine Verbindung zwischen Carlos und Elisabeth nahelegen. Der Herzog und der Priester zweifeln weder am Erfolg der Verschwörung noch an der Schlussfolgerung der rachedurstigen Prinzessin und verkennen, dass Carlos einen engen Vertrauten hat: Posa.

Szenen II/14, 15 in einem Kartäuserkloster zwei Tage später (vgl. V. 2266–68): geheime Zusammenkunft von Carlos und Posa

II/14: Der Infant hört vom Prior mit Bedauern, dass Posa schon dreimal da gewesen sei. Der Marquis wolle aber wie-

Abgeschiedener und stiller Ort – das Kloster

derkommen. Carlos nimmt die Abgeschiedenheit und Stille von Kloster und Landschaft wahr, die seinen Vorstellungen – und seinem Charakter – entsprechen. Er vergleicht sie mit einem Geheimnis, das der Leiter des Klosters auf Tod und Auferstehung bezieht (vgl. V. 2229 f.). Der Thronfolger versichert sich noch einmal der Verschwiegenheit, die der Prior geschworen habe. Dieser erwidert, dass Argwohn und Neugier, Glück und Leidenschaft Teil der Welt, nicht aber des Klosters seien. Er habe mit dem Leben abgeschlossen und interessiere sich weder dafür, was der Prinz zu verbergen habe, noch für die Frage einer damit verbundenen Schuld.

Weltabgewandt-heit des Priors

Die Lage des Klosters und die Haltung seines Leiters bilden den größtmöglichen Gegensatz zum königlichen Hof, wo überall Spione lauern. An dem abgelegenen Treffpunkt können die beiden Freunde das folgende Gespräch führen, ohne dass ihre Geheimnisse, das private von Carlos und das politische von Posa, verraten werden.

Kontrast zum Leben am Hof

II/15: Posa erfährt erst jetzt, zwei Tage nach der Unterredung von Vater und Sohn, dass sich seine Hoffnungen zerschlagen haben. Er hält es nicht für möglich, weil in Madrid die Meinung vorherrscht, dass Carlos anstelle von Alba in die Niederlande ziehe (vgl. V. 2273 f.). Der Infant dagegen sucht Rat beim Marquis, er müsse seine Stiefmutter sprechen. Wegen des Briefs des Königs an Prinzessin Eboli, den er ihn lesen lässt, sei Elisabeth nicht mehr an ihr Eheversprechen gebunden und frei für ihn, den Thronfolger (vgl. V. 2290 f.). Er erzählt dem konsternierten Marquis, unter welchen Umständen er mit der Hofdame zusammentraf (vgl. die Szenen II/4, 8), und der erkennt sofort die Gefahr: Die Prinzessin weiß um die Liebe von Carlos zur Königin (vgl. V. 2324–26, 2376 f.), ist dadurch gekränkt und verfügt, da ihr Philipp zu Willen ist, über Mittel, sich zu rächen. Der Prinz verlässt sich auf ihre Tugendhaftigkeit, doch für Posa steht diese im Dienst des Egoismus und im Gegensatz zu dem moralischen Ideal, das die Königin verkörpere. Er vergleicht beide Formen

Posas durch-kreuzte Pläne

Erkämpfte (Eboli) und angeborene (Elisabeth) Tugend

mit dem Wachstum einer Pflanze: Wie die eine in zwangloser Natürlichkeit aus sich selbst gedeihe, sei Elisabeths tugendhaftes Verhalten angeboren, ohne nach Anerkennung schielen zu müssen. Eboli dagegen habe sich die Unschuld mühsam abgerungen, wie ein „fremder Zweig" (V. 2336) unter widrigen Bedingungen gezogen werde. Sie fordere dafür auch die Gegenleistung: die Liebe des Infanten. „Du hast sie nicht belohnt – sie fällt." (V. 2367)

Carlos sieht sich „Der Seligkeiten göttlichste[r], [des] Glaubens/An menschliche Vortrefflichkeit" beraubt (V. 2370f.) und widerspricht heftig wie die Prinzessin, als er ihr die entsprechende Doppelfrage stellt und sie selbst gleich wie hier doppelt verneint (vgl. V. 1765–80). Er wendet weiter ein, dass ihre Beweise – der Brief des Königs – auf sie zurückfielen und sie sich deshalb nur um den Preis ihrer eigenen Ehre rächen könne (vgl. V. 2378–81).

Unvermittelt kommt er auf sein eigentliches Problem zurück, das Gespräch mit Elisabeth. Der Marquis fragt ihn vorwurfsvoll, ob er den Brief Philipps seiner Stiefmutter, die er doch liebe, tatsächlich zeigen wolle, und beschämt den Freund dadurch (vgl. Regieanw. in V. 2395). Posa lässt sich das Schreiben unter dem Vorwand, etwas nachsehen zu wollen, noch einmal geben, und zerreißt es. In rhetorischen Fragen weist er Carlos darauf hin, dass das ehebrecherische Verlangen des Königs nichts mit seiner Liebe für Elisabeth zu tun habe. Er hält ihm vor, die gemeinsamen Visionen von einer besseren Welt dem eigennützigen Begehren geopfert zu haben, widerspricht der Behauptung des Prinzen aber, er achte ihn nicht mehr. Vielmehr hätten sich seine Gefühle verirrt (vgl. V. 2424–26). Carlos habe den Vater, der die Verlobte des Sohns heiratete, nicht vorschnell verurteilt. Der Brief Philipps an Eboli habe jedoch endgültig das Unrecht bewiesen, ihm, dem Kronprinzen, Genugtuung verschafft und neue Hoffnung geweckt. Obwohl sich der Thronfolger selbst für weniger edel hält als der Marquis (vgl. V. 2441–43),

Der Brief des Königs: ein fragwürdiges Mittel

Posa zerreißt den Brief

Gefühlsverwirrung

verspricht ihm dieser, eine weitere Begegnung mit Elisabeth zu arrangieren. Von der Königin werde er hören, was er, Posa, sich ausgedacht habe. Dadurch erhält sein „wilder, kühner, glücklicher Gedanke" (V. 2452) besonderen Glanz. Der Ritter verpflichtet den Freund dazu, trotz vieler Widerstände an dem Vernunftgebot, Flandern zu retten, festzuhalten. Nach der Umarmung zum Abschied respektieren sie wieder – zum Schein (vgl. V. 930–932) – die Rangunterschiede „Kronprinz und Vasall" (V. 2464), die für sie nicht mehr gelten. Schließlich fällt dem Prinzen noch eine für Posa und den weiteren Verlauf des Dramas wichtige Information ein: Vom Oberpostmeister wisse er, dass Briefe in die Niederlande abgefangen würden.

Festhalten an vernünftigen Plänen

Abgefangene Briefe

Da der Thronfolger wieder nur an seine persönlichen Wünsche und nicht mehr an die große politische Aufgabe denkt, nimmt der Marquis alles selbst in die Hand: „Nun überlass mir alles andre." (V. 2451) So handelt er schon, als er den Brief des Königs zerreißt und sich damit über die Bitte und die Gefühle des Freundes hinwegsetzt. Der Satz bestimmt aber auch wie ein Motto sein weiteres Handeln im vierten Akt. Das Vertrauen in Prinzessin Eboli untergräbt er in dieser Szene, indem er ihren eigen- und rachsüchtigen Charakter dem tugendhaften der Königin gegenüberstellt und diese damit zur Idealgestalt überhöht.

Posa als eigenmächtiger Drahtzieher

Zusammenfassung und Funktion des zweiten Akts

Im zweiten Akt erfährt das dramatische Geschehen durch die leidenschaftliche Liebe Prinzessin Ebolis zu Carlos und die Bemühungen von Alba und Domingo, ihre Macht zu sichern, eine Steigerung. Dadurch entstehen neue Verwicklungen und Konflikte, während der im ersten Akt ausgelöste Tatendrang des Thronfolgers nach dem Gespräch mit dem König schon wieder erlischt. Stattdessen öffnet sich dem Prinzen unerwartet noch einmal die Aussicht, Elisabeth für sich zu gewinnen, doch Posa verbaut sie ihm im Kartäuserkloster. Am Ende des zweiten Akts sind die Fronten geklärt: Auf der einen Seite stehen die Intriganten Alba, Domingo und Eboli, auf der anderen Carlos und Posa, der den Freund auf ihre gemeinsame Aufgabe verpflichtet.

Der dritte Akt: Höhe- und Wendepunkt (Philipp, Posa)

Szenen III/1–5 im Schlafzimmer des Königs nach der Nacht mit Prinzessin Eboli: Suche nach Wahrheit

III/1, 2: Im Gegensatz zum Anfang des zweiten Akts, wo der König seinen Sohn und Herzog Alba im Thronsaal, dem symbolischen Zentrum seiner Macht, empfängt, befindet er sich jetzt im privatesten aller Räume, dem Schlafzimmer. Auch dass er in der Nacht halb entkleidet intensiv nachdenkt und nicht mehr schlafen kann, zeigt, dass ihn persönliche Probleme umtreiben: Ein Medaillon und Briefe auf dem Tisch, offenbar von Prinzessin Eboli aus der Schatulle der Königin entwendet (vgl. V. 2177–88), scheinen zu beweisen, dass ihn seine Gattin betrügt. Er erkennt, dass er ihr alles außer Liebe geben konnte, die der leidenschaftlich veranlagten Frau besonders fehlen musste. In seiner Einsamkeit inmitten schlafender Pagen erklärt er die Nacht zum Tag und klingelt, worauf Graf Lerma, der sich als Kommandant der Leibwache in einem Nebenzimmer aufhält, herbeieilt und sich bestürzt nach der Verfassung Philipps erkundigt. Der König berichtet von einem Feuer im Schlafgemach der Gattin, von dem er geträumt habe und das seine Erschütterung und seine Ängste symbolisiert. Er befiehlt, die Wachen dort heimlich zu verstärken, und bemerkt verwundert den prüfenden Blick des Grafen (vgl. V. 2494). Dieser registriert den Schlafmangel des Herrschers, den er sich nicht leisten könne, doch Philipp entgegnet, dass der König um seine Macht und der Mann um seine Frau fürchten müsse, wenn er schlafe.

Scheinbare Beweise für den Ehebruch

Indirekt geäußerte Ängste des Königs

Nun zweifelt er an den Beweisen gegen seine Gattin und vermutet eine Verleumdung, weil sie von einem „Weib" (V. 2505 f.) stammten und erst von einem Mann bestätigt werden müssten. Deshalb lässt er Herzog Alba rufen und fragt Lerma mehrfach verzweifelt: „Ist's wahr?" (V. 2510–12) Als dieser nur seine große Anerkennung für den König in parallelen Ellipsen zum Ausdruck bringt (vgl. V. 2512 f.), empört sich Philipp über die nichtssagende Antwort, indem er sein Grundbedürfnis nach dem Wasser der Wahrheit jenseits allen Reichtums betont (vgl. V. 2514–18). Dabei bezieht er sich auf eine Erzählung des Alten Testaments, in der Mose in der Wüste den Durst des israelischen Volks mit Gottes Hilfe stillt (vgl. Ex 17,1–7). Als Lerma geht, ruft er ihn zurück, projiziert seine Ängste vor einem Verrat auf den Grafen und versucht, sie zu überwinden, indem er schon Anflüge von Zweifeln an seiner eigenen Frau scharf zurückweist (vgl. V. 2521–32). Aber der Gedanke an ihre Freunde und die auffällige Gunst, in der sie stehen, bewirkt das Gegenteil (vgl. V. 2536–40). Der König entlässt Lerma mit der Bemerkung, dass er, Philipp, wohl doch übermüdet und das in Wachträumen Gesagte zu vergessen sei.

Zwischen dem zweiten und dritten Akt setzt Prinzessin Eboli in die Tat um, was sie in Szene II/12 mit Alba und Domingo besprochen hat. Die beiden Auftritte in der Nacht, die Philipp bei der Hofdame verbracht hat, stellen die menschliche Seite des Königs und die existenzielle Not des reichsten Herrschers des Landes dar, denn er kann trotz aller Macht Wahrheit und Betrug nicht unterscheiden. Die Lösung dieses Rätsels bestimmt auch die nächsten Szenen und den gesamten dritten Akt.

III/3: Die Sprengkraft dieses und des nächsten Auftritts liegt darin, dass sich Alba und Domingo mit den Folgen ihrer eigenen Intrige konfrontiert sehen. Mimik, Gestik, Blicke oder Schweigen unterstreichen die Brisanz, indem sie

Zwischen Wahrheit und Betrug

Menschliche Seite Philipps

Brisante Begegnungen

Unsicherheit, Zweifel, Überraschung, Erstaunen ebenso zum Ausdruck bringen wie Erschütterung oder Empörung, Ergebenheit oder Entschlusskraft oder die Suche nach einer angemessenen Antwort begleiten.

Der König, der sich wieder gefangen hat, wirft dem Herzog indirekt Untreue vor, weil dieser ihn zwar vor dem Ehrgeiz von Carlos warnte (vgl. V. 1252–54), ihm eine tiefe Kränkung aber nicht ersparte. Um deren Ursache anzudeuten, zeigt ihm Philipp die Briefe, in denen Alba sofort die Handschrift des Infanten erkennt. Er fühle sich, so gibt der Herzog vor, nur für das Reich verantwortlich. Was darüber hinausgehe, dürfe oder müsse er für sich behalten, es sei denn, Philipp frage ihn nicht als König (vgl. V. 2561–66, 2571–73). Daraufhin fordert ihn dieser auf, die Briefe zu lesen. Alba tut

Albas Reaktion auf die Briefe

erschrocken, fragt, von wem er sie erhalten habe, und verrät dadurch, dass er das Konfliktpotenzial erkennt und etwas verschweigt, denn Elisabeth wird in dem Schreiben gar nicht als Adressatin genannt. Philipp ist außer sich, von der offensichtlichen Beziehung seiner Gattin zu Carlos als Letzter zu erfahren. Der Herzog fühlt sich wegen seines vermeintlich klugen Schweigens schuldig und beschämt, muss sich aber auch jetzt noch zum Reden überwinden, „[w]eil doch alles/ Verstummen will" (V. 2593f.), Sohn und Gattin den König umstimmen könnten und er, Alba, dann bloßgestellt sei.

Rückblick auf die Szene I/6

Als Philipp verspricht, dass das nicht geschehe, erinnert der Herzog an das befremdliche Zusammentreffen mit der allein gelassenen Königin im Garten von Aranjuez (Szene I/6) und nennt die Ursache: „Der Prinz war dort gewesen." (V. 2613) Das schockiert den König; er fährt auf (Regieanw. in V. 2613), sinniert finster (Regieanw. in V. 2622) und denkt an die damalige Demütigung durch seine Gattin. Albas vorsichtigen Einwand zugunsten der Königin weist er zurück; vielmehr findet er seine Befürchtungen bestätigt, die er seit der ersten Begegnung mit Elisabeth hegt, als sie vor seinem Alter erschrak (vgl. V. 2636–38). Um diese Situation zu erklären, beschreibt der

Herzog die Verfassung von Carlos und Elisabeth, die, unge-
fähr gleich alt, ähnlich eingestellt waren und deshalb zusam-
menpassten. Er stellt infrage, dass die Braut die politische
Entscheidung akzeptierte, die das Liebespaar trennte. Der
dadurch erneut gekränkte und in seiner Hoffnung auf Aufklärung enttäuschte König beendet das Gespräch mit dem Hinweis, dass er seine Gattin wegen der Briefe und der Begegnung
mit dem Infanten, die sie ihm verschwiegen habe, bestrafen
wolle. Sie habe jedoch aus „falscher Großmut" (V. 2664)
gehandelt und keinen Ehebruch begangen, den nicht er,
sondern Alba fürchten müsse (vgl. V. 2670–73).

Liebe und politisches Kalkül

Trotz weiterer Erschütterungen überwindet Philipp seine
Verzweiflung und Schwäche in den vorausgehenden Szenen allmählich und er dominiert die Unterredung mit dem
Herzog weitgehend. Durch Albas Rückblick auf die Szene
I/6 klärt sich für den König erst jetzt, was damals geschah.
Er folgert daraus und aus der Reaktion des Herzogs nach
dem Lesen des Briefs, auch gegenüber Personen in seinem
engsten Kreis misstrauisch sein zu müssen. Da ihm Alba bei
der Suche nach der Wahrheit keine Hilfe war, wendet er
sich an seinen Beichtvater.

Allmähliche Überwindung von Verzweiflung und Schwäche

III/4: Domingo spricht den König mit Worten der Erleichterung an, weil er ihn entgegen seinen Befürchtungen, zu
denen ihm ein „Geheimnis" (V. 2681) Anlass gebe, gefasst
antreffe. Philipp rügt, ihn voreilig damit zu konfrontieren. Er
habe noch nicht den Wunsch geäußert, das Wissen des
Priesters zu teilen. Der Dominikaner glaubt sich jedoch im
Recht, weil das Geheimnis ihm „die Fürstin" (V. 2692) – Prinzessin Eboli – gebeichtet habe und es „die fürchterlichsten
Folgen/Für ihre Königin" (V. 2693 f.) nach sich ziehen könne:
Er meint, ohne es zu erwähnen, die Liebe zwischen Carlos
und Elisabeth. Der König verlangt von Domingo nun selbst
Wahrheit in dieser Sache und einen Ausweg „[a]us diesem
dunklen Labyrinth", in das ihn „blinder Eifer" gebracht hat
(V. 2697 f.) – eigener und jener der Intriganten.

Domingos Geheimnis

Blinder Eifer auf beiden Seiten

Der Priester beschwört ihn, Rücksicht heuchelnd, nicht weiter zu forschen und der Königin zu vergeben, um ihren guten Ruf nicht zu gefährden. Gleichzeitig erwähnt er jedoch nebenbei neue Gerüchte, die im Volk kursierten und Zweifel säten, dass Philipp der Vater seiner Tochter sei. Scheinheilig erklärt er sie zu Lügen, um sie dann doch unter Umständen in den Rang der Wahrheit zu erheben und damit die gegensätzlichen Begriffe zu vermischen (vgl. V. 2717–20). Einerseits distanziert er sich von den Gerüchten, die den König auf die Folter spannen, weil er den Inhalt noch nicht kennt, andererseits deutet er unangenehme Folgen an, die durch das Gerede im Volk entstehen.

Als Domingo die schwere Krankheit Philipps in der Zeit, als sein Kind gezeugt wurde, erwähnt, fühlt dieser sich derart getroffen, dass er die zweideutigen Ausführungen seines Beichtvaters beendet und sie in einem einzigen Wort zusammenfasst: „Bastard" (V. 2745). Er lässt Alba kommen, um ihn „vor diesem Priester" zu schützen (V. 2742), dem er zu lügen vorwirft. Denn damals habe er die schnelle Genesung als Wunder gepriesen. Der König erkennt, dass seine engsten Ratgeber eine Intrige gegen ihn gesponnen haben (vgl. V. 2755, 2757). In rhetorischen Fragen (vgl. V. 2757–72) hält er ihnen empört vor, sich abgesprochen zu haben, den Verdacht des Ehebruchs und seine, des Königs, seelischen Schmerzen zu schüren und ihren Herrn als Mittel zu benutzen, um gierig und mitleidlos eigene, gegen seinen Sohn gerichtete Ziele zu verfolgen. Ihre Treue, die Alba reklamiert, hält Philipp für wertlos, weil ihre Vermutungen nicht seine Zukunft sicherten, sondern rückwärtsgewandt Rache forderten. Sie führten ihn an den „Absturz einer Hölle" (V. 2784), an dem er nun allein stehe. Als Domingo einwirft, dass ihr Verdacht kaum zu beweisen sei, entschließt sich Philipp zu einer drastischen Wahrheitsprobe: Der Mönch und der General sollten Elisabeth vor den Repräsentanten des Landes und ihm als Richter ankla-

Gerüchte im Volk

Vermischung von Wahrheit und Lüge

Höhe- und Wendepunkt der Intrige

Treue und Treulosigkeit

Philipps Wahrheitsprobe

gen, ein verbotenes Liebesverhältnis mit seinem Sohn zu unterhalten. Er verhänge die Todesstrafe über das Paar, wenn Elisabeth sich nicht entlasten könne; falls aber doch, müssten die Ankläger sterben. Als nur Alba sich zu dieser Prüfung bereit erklärt, verwirft sie der König, weil der Herzog sein Leben „in scharfen Schlachten" leichtfertig riskiert habe (V. 2798–2802) und es „[k]önigliche[m] Blut" (V. 2803) deshalb nicht gleichwertig sei.

So wenig wie von Alba erfährt der König von Domingo die Wahrheit über die Beziehung seiner Frau zu Carlos. Im Gegenteil: Die Vertrauten steigern seine Zerrissenheit und seine innere Unruhe. Während der Herzog sich jedoch durch eine unkontrollierte Reaktion verrät und dann wahrheitsgemäß von der Begegnung in Aranjuez berichtet, steigert der Priester gezielt den Verdacht gegen die Königin im Wissen, dass Philipp schon aufgewühlt ist. Auf dem Höhepunkt seiner quälenden Zweifel durchschaut der König ihr Komplott und zieht in Betracht, sie für die Wahrheit mit ihrem Leben einstehen zu lassen. Äußerlich agiert der König wieder souverän und die Intrige findet ein vorläufiges Ende.

Innere Zerrissenheit und äußerliche Souveränität

Philipps zunehmende Verunsicherung auf der Suche nach der Wahrheit in den Szenen III/1–4

Briefe und Medaillon von Carlos, die Prinzessin Eboli dem König zugespielt hat, wecken Misstrauen und Eifersucht gegen die Gattin.

→ Ergebenheitsformeln Lermas anstelle von Wahrheit
→ Albas Erschrecken über die Briefe, obwohl die Adressatin nicht genannt ist
→ Aufklärung über die Begegnung des Prinzen mit Elisabeth in Aranjuez
→ Domingos Appell, über die Beziehung der Königin zu dem Thronfolger nicht weiter nachzuforschen und ihr zu vergeben
→ Hinweis auf im Volk kursierende Gerüchte, Philipp sei nicht Vater seiner Tochter

Steigerung der Unruhe und Zerrissenheit

Entlarvung des Komplotts

III/5: Der König bleibt allein zurück – ein Zeichen dafür, dass die Vertreter der militärischen und geistlichen Macht ihm in seiner persönlichen Not keine Hilfe sind. Vielmehr haben sie seine Ungewissheit noch vergrößert und die Ausgangssituation von Szene III/1 verschärft. Deshalb bittet er in dem Monolog die gute, allwissende Vorsicht (vgl. V. 2809, 2814), mit der er Gott meint, um einen Freund, einen unabhängigen Kopf, der für ihn die Wahrheit aus dem „dunkeln Schutt des Irrtums" ausgräbt (V. 2821) und sich nicht wie seine „Gehilfen" (V. 2814) als Mittel für seine Zwecke einspannen lässt. Er beschreibt den gesuchten Mann so, dass dieser das Persönlichkeitsideal der Aufklärung (vgl. S. 105 und Übersicht III auf S. 163) verkörpert: „mit reinem, offnen Herzen/ Mit hellem Geist und unbefangnen Augen" (V. 2823 f.). Auf der Suche nach dem Richtigen unter den vielen Günstlingen an seinem Hof geht er zwei Listen mit Personen durch, die sich Anerkennung erworben oder eines Vergehens schuldig gemacht haben. Dabei stößt er auf Marquis Posa, der sich als Einziger bisher vom Thron fernhielt, obwohl sein Name in dem Verzeichnis der Verdienstvollen hervorgehoben ist. Der „Sonderling" (V. 2850) buhlt also nicht, wie an Fürstenhöfen üblich, um die Gunst des Königs und eigene Vorteile. Deshalb will sich Philipp bei ihm Rat holen. Dadurch erhält die Handlung einen neuen Impuls.

Suche nach einem aufrichtigen Freund

Posa als neuer Vertrauter

Szenen III/6, 7 im Audienzsaal: gnädiger König und Albas Heldentaten

Vom privaten in den öffentlichen Raum

Der Auftritt III/6 wechselt wieder vom privaten in den öffentlichen Raum, in dem sich die Großen des Reichs versammeln und den König erwarten. Sie gehen dem Herzog Medina Sidonia, dem Befehlshaber der spanischen Flotte, nach der Niederlage gegen die englischen Schiffe aus dem Weg. Er erwartet, mit dem Tod bestraft zu werden, und bedauert seine Söhne (vgl. V. 2861–66). Nur Carlos bezeugt ihm mit einem Händedruck sein Mitleid.

Als der König in Szene III/7 erscheint und mit zeremonieller Ehrfurcht begrüßt wird, wendet er sich nicht seinem Sohn, sondern seinem Neffen zu. Die Mutter des Prinzen von Parma wolle wissen, „wie man in Madrid mit Euch/Zufrieden sei" (V. 2867 f.), und der Angesprochene antwortet im Sinne Philipps: Erst wenn er sich im Kampf bewährt habe, sei diese Frage angebracht. Er solle abwarten, so der König, bis „diese Stämme brechen" (V. 2871), d. h. bis die anwesenden militärischen Führer zu alt sind oder Schlachten verloren haben.

Mitleid von Carlos für den besiegten Admiral

Anerkennung durch Bewährung im Kampf

Dann ernennt er Herzog Alba zum Oberhaupt eines Ritterordens[1], was nach der fehlgeschlagenen Intrige überrascht, aber sein ausgeprägtes Differenzierungsvermögen zeigt. Er verbindet diese Gunst jedoch mit der Warnung, die Aufgaben als Feldherr nicht aus Ehrgeiz ungebührlich auszuweiten.

Ernennung und Ermahnung Albas

Nun konfrontiert der zerknirschte Admiral den König mit der Zerstörung seiner Flotte. Wider Erwarten, aber konsequent (vgl. V. 1071 – 73) lässt Philipp nicht nur Gnade walten, sondern spricht sogar seine Anerkennung aus, weil nicht Gegner, sondern Stürme ihn besiegt hätten.

Gnade und Dank für Medina Sidonia

Gegen Ende der Audienz fragt der König die Versammelten, warum Marquis Posa trotz seines Ruhms nie unter ihnen sei. Lerma teilt mit, dass der Ritter von Reisen durch Europa zurückgekehrt sei und seinem Herrn möglichst bald huldigen wolle. Alba und Feria erinnern sich an Heldentaten des Marquis bei der Verteidigung einer Malteser-Festung und im Kampf gegen eine Verschwörung in der spanischen Grafschaft Katalonien. Philipp wundert sich über diesen ungewöhnlichen Menschen und beauftragt Alba – den überzeugten Gegenspieler des Marquis, obwohl er von dessen Plänen noch nichts ahnt –, ihn zu ihm zu führen.

Posa – ein ungewöhnlicher Mensch

---

[1] mittelalterliche Vereinigung, um Feinde des Christentums zu bekämpfen

Nachdem der König sich entfernt hat, bringen die Granden Medina Sidonia Anteilnahme und Hochachtung entgegen, umgestimmt durch den Großmut des Monarchen.

Neue Seiten
von Philipps
Charakter

Dessen Härte gegen die Marquisin Mondecar in Szene I/6 und Carlos in Szene II/2 weicht in diesem Auftritt weiter auf, nachdem schon in der Nacht sichtbar wurde, wie verletzbar er als Mensch ist. Im Kreis der Granden agiert er dagegen als Herrscher differenziert, klug und verständnisvoll. Wenn Alba eine kühne Rettungstat des Marquis schildert, weiß er, anders als die Zuschauer, nicht, dass er dadurch seinen Kontrahenten rühmt und damit die Entscheidung des Königs für Posa bestätigt.

Szenen III/8–10 im Kabinett des Königs: die große Audienzszene als Mittelpunkt des Schauspiels

III/8, 9: Posa kann nicht verstehen, dass gerade er zum König gerufen wird, und hält „bloße[ ] Neugier" (V. 2944) für verschwendete Zeit. Alba ermuntert ihn jedoch, seine

Aufmunternder
Appell Albas

Chance zu nutzen. Die Ironie seines Appells liegt darin, dass dieser sich an den politischen Gegner richtet und der Marquis die „gute Lehre" in einem anderen als dem gemeinten Sinne versteht (V. 2954). Dennoch schließt er sich in dem folgenden Monolog dem Gedanken des Her-

Zufall als zu
bearbeitender
Rohstoff

zogs an, um gleich wieder über die Launen des Zufalls zu rätseln, der ihn zum König geführt hat. Er bezeichnet den Zufall als Rohstoff, den der Mensch für seine eigenen Zwecke zurichtet. Und diese bestehen für ihn darin, Philipp mit der Wahrheit zu konfrontieren – allerdings über die Unterdrückung in seinem Staat und nicht über die Beziehung zwischen Gattin und Sohn.

Von der
Irritation
zur klaren
Intention

Die beiden Szenen leiten zu der Unterredung der Hauptakteure und damit zum Höhepunkt des Dramas über. Sie stellen dar, wie sich aus Posas Irritation eine klare Intention herausbildet.

III/10: Der König, der den Marquis eine Zeit lang beobachtet, ohne von ihm bemerkt zu werden, und über dessen selbstsicheres Auftreten staunt, eröffnet das Gespräch mit der Frage nach einer früheren Begegnung, die Posa verneint. Dann setzt sich seine Neugier auf die Ursache durch, warum Posa ihn meide, obwohl er sich verdient gemacht habe. Der Ritter antwortet ausweichend – er sei erst seit ein paar Tagen wieder in Spanien – und bescheiden – er „genieße die Gesetze" (V. 2985) und halte andere Adlige am Hof für geeignet. Der Vermutung Philipps, dass Posa Tätigkeiten vermeiden wolle, die nicht seinen Talenten entsprechen (vgl. V. 2995–97), widerspricht der Malteser mit der Menschenkenntnis des Monarchen. Er wird „[b]eim ersten Blicke […] gelesen haben,/Was ich ihm taugen kann, was nicht" (V. 3000 f.). Der Marquis hielt es jedoch damals, als er sich vom königlichen Hof zurückzog, nicht für nötig, sein Verhalten zu begründen. Deshalb könne er auch jetzt Ideen eines „Bürger[s] dieser Welt" (V. 3007), der die Menschenrechte von Geburt an beansprucht, nicht ohne Vorbereitung in Worte eines Untertanen fassen, wagt es aber schließlich doch: „Ich kann nicht Fürstendiener sein." (V. 3022, 3065) Er wolle nämlich unabhängig und tugendhaft denken und handeln und sich nicht zum Werkzeug des Königs degradieren lassen. Großzügig bietet Philipp dem Ritter an, sich einen Posten im Reich auszuwählen, auf dem er sich für „[d]ie Menschheit" (V. 3038) einsetzen kann, wie es sein Anspruch ist. Doch Posa unterscheidet zwischen dem Glück, das der Herrscher den Menschen gewährt, und dem von ihnen selbst bestimmten (vgl. V. 3046–49). Als der König fälschlich schließt, der Marquis sei Anhänger des in den Niederlanden verbreiteten protestantischen Glaubens, fühlt dieser sich missverstanden. Es gehe ihm nicht um eine andere Religion, sondern um Aufklärung über die Monarchie jenseits des Geheimnisvollen und Heiligen, das sie umgibt (vgl. V. 3068–72). Die gefährlichen

Selbstsicheres Auftreten des Marquis …

… Distanz zum Hof

Unabhängiges und tugendhaftes Denken und Handeln

Unterschiedliche Glücksvorstellungen

Aufklärung über das Wesen der Monarchie

Einsichten seines eigenständigen Denkens würden jedoch erst in späteren Generationen umgesetzt. Denn für Neuerungen in der Gegenwart, welche die Zustände nur verschlimmern, könne er sich nicht erwärmen (vgl. V. 3075–78). Philipp zeigt sich überraschend offen, ungewöhnliche Vorstellungen anstatt der üblichen Schmeicheleien in seinem Dienst zu akzeptieren, doch der Marquis lehnt auch dieses Angebot ab, weil es die Würde der Menschen missachte.

Freiwilliger Verzicht der Menschen auf ihre Rechte

Sie hätten, so erklärt Posa die Geringschätzung ihrer angeborenen Rechte durch den König, „[f]reiwillig" (V. 3097f.) auf sie verzichtet und sich an die Knechtschaft gewöhnt. Damit bezieht er sich wie an anderen Stellen der Unterredung auf das grundlegende staatsphilosophische Hauptwerk Rousseaus (1712–1778), „Du contrat social" (vgl. S. 287–291 im Anhang der Textausgabe). Über die dort genannte Voraussetzung, dass „kein Mensch von Natur aus Herrschaft über seinesgleichen ausübt" (S. 288, Z. 1f.),

Untertanen als Geschöpfe des Herrschers – Übertragung auf Philipp

setze sich Philipp hinweg, wenn er, so die Analyse des Marquis, die Menschen „aus des Schöpfers Hand" (V. 3109) nach seinem Willen umforme und sich zu ihrem Gott erhebe. Dadurch raube er Millionen Menschen Glück und Freiheit. Als Preis dafür müsse er seine menschlichen Gefühle und Bedürfnisse unterdrücken. Bei diesen Worten erschrickt Philipp, weil er sich in ihnen wiedererkennt. Von seiner Rede fortgerissen, möchte Posa sie beenden, doch nach einer Unterbrechung durch Graf Lerma fordert der König den Ritter auf, sie fortzusetzen.

Unterdrückung der niederländischen Freiheitsbestrebungen durch Spanien

Nun berichtet der Marquis von den menschlichen Opfern der spanischen Unterdrückung in „Flandern und Brabant" (V. 3137) – den wohlhabenden niederländischen Provinzen mit vorbildlichen Einwohnern. Damit irritiert er den Herrscher, denn der weicht seinem Blick aus. Posas Vision

Versöhnung von Bürgerglück und Fürstengröße

einer Versöhnung von „Bürgerglück" und „Fürstengröße" (V. 3152f.) glaubt Philipp durch „Frieden" und „Ruhe"

(V. 3160f.) in seinem Land schon verwirklicht, doch der Malteser nennt es einen „Kirchhof[ ]" (V. 3162). Die Neuerungsbewegungen ließen sich aber nicht aufhalten. Viele Menschen flöhen wegen ihres Glaubens nach Großbritannien, das deshalb eine Blütezeit erlebe, während Spanien wirtschaftlich ausblute (vgl. V. 3174–78).

Als der Marquis merkt, dass seine politischen Feststellungen den König beeindrucken, greift er ihn auch persönlich an: Er hänge einem falschen Menschenbild an (vgl. V. 3188), sein Werk habe keinen Bestand und er werde als Tyrann verworfen. Das schmerze ihn, weil er Philipp eigentlich für einen guten Herrscher halte. Deshalb richtet er in „dieser großen Stunde" (V. 3203) den glühenden Appell an ihn, sein Volk nicht länger zu unterdrücken, sondern es durch Freiheit zu beglücken und die „unnatürliche Vergöttrung" (V. 3207) seiner selbst aufzugeben. Zweimal fordert er mit inhaltlichem und formalem Nachdruck: „Geben Sie,/Was Sie uns nahmen, wieder." (V. 3195f., 3199f.) Posas Imperative gipfeln in der Aufforderung: „Geben Sie/ Gedankenfreiheit." (V. 3215f.; vgl. S. 5) Er beruft sich auf die Freiheit in der Natur und deren Schöpfer, der nur in seinem Werk zu erkennen sei. Philipp habe die Macht, den Menschen ihre Würde zurückzugeben. Diese bestehe darin, dass ihre Rechte als Bürger – wie in der Goldenen Regel oder in Kants

Kritik am König – Verwerfung des Tyrannen

Glühender Appell des Marquis

Freiheit im Staat und in der Natur

Posa redet in der Audienzszene III/10 auf Philipp II. ein, die absolute Monarchie menschenfreundlich zu reformieren (Thalia Theater Hamburg 2011).

Bürgerfreund-liche Monarchie als Vorbild

kategorischem Imperativ[1] – sich nur gegenseitig begrenzten (vgl. V. 3242–46). Eine derart bürgerfreundliche Monarchie ohne Unterdrückung und Angst sei ein „Muster/Des Ewigen und Wahren" (V. 3208 f.) und ein Vorbild für alle Staaten (vgl. V. 3250–52).

Altersweise Reaktion des Königs

„[N]ach einem großen Stillschweigen" (Regieanw. nach V. 3252), in dem Posas Worte nachklingen und das sie szenisch hervorhebt, reagiert der König nicht mit der Strenge des Herrschers, sondern mit der nachsichtigen Weisheit des Alters auf die ungewöhnlichen Ideen und das Auftreten des Marquis. Im – falschen – Glauben, dass er diese Gedanken als Erster vernahm und „Gift [...] in gutartigen Naturen/Zu etwas Besserm sich veredeln" könne (V. 3267–69), warnt er ihn vor der Inquisition und erlaubt ihm, seine Vorstellungen, die ihn persönlich betreffen, zu verwirklichen. Denn der Vorwurf, ein bösartiger Tyrann zu sein, hat ihn schwer getroffen (vgl. V. 3272–75) und er will ihn an demjenigen widerlegen, der ihm als ein besonderer Mensch begegnete. Posa geht es aber nicht um seine persönliche Glückseligkeit, sondern um die seiner Mitbürger. Trotz der gegensätzlichen Menschenbilder, dem skeptischen des Königs (vgl. V. 3292–94) und dem optimistischen des Marquis, befiehlt Philipp dem Ritter, in seine Dienste zu treten.

Posa in Philipps Dienst

---

[1] Die Goldene Regel sagt dem Menschen, wie er ethisch handeln soll. Ihre christliche Formulierung steht in Matthäus 7, V. 12: „Alles nun, was ihr wollt, dass euch die Leute tun sollen, das tut ihnen auch!" Der kategorische Imperativ Immanuel Kants (1724–1804) lautet entsprechend: „Handle nur nach derjenigen Maxime, durch die du zugleich wollen kannst, dass sie ein allgemeines Gesetz werde."

Unterschiedliche Auffassungen über die Menschen im Staat

Posa	Philipp (wie sie ihm der Marquis zuschreibt)
• „Bürger dieser Welt" mit Rechten, die allen Menschen angeborenen sind	• Untertanen als Geschöpfe des Herrschers
• unabhängiges und tugendhaftes Denken und Handeln	• „Fürstendiener"
• eigene Bestimmung, worin Glück besteht	• Werkzeuge des Monarchen
• Begrenzung der Rechte nur durch die der anderen Menschen	• vom König vorgegebene Glücksvorstellungen
	• Hochachtung vor dem Geheimnis und der Heiligkeit der Majestät

Ziel:

Freiheit und Würde aller Menschen	Sicherung und Vergrößerung der eigenen Macht

Der König besinnt sich auf sein ursprüngliches Anliegen, die Suche nach der Wahrheit über Sohn und Gattin. Der positiven Einschätzung beider durch Posa widerspricht er „mit finstrer Miene" (Regieanw. nach V. 3312): Beim Blick auf den Marquis wird ihm nämlich schmerzlich bewusst, was er an Carlos vermisst. Und die Gerüchte von einem Verhältnis zwischen Königin und Kronprinz würden durch Beweise erhärtet, doch umgekehrt verdächtige er auch diejenigen, die seinen Argwohn nährten: „Mein Weib ist mehr wert als sie alle." (V. 3331) Unbewusst urteilt er damit selbst richtig und Posa gibt ihm unter Bezug auf „[w]eibliche Tugend" recht (V. 3334). Der König beauftragt ihn, die Wahrheit über Gattin und Sohn herauszufinden. Er vertraut der Menschenkenntnis und Loyalität des Ritters und stattet ihn mit Vollmachten und dem Recht auf unangemeldeten Zutritt aus.

Auftrag zur Feststellung der Wahrheit

Wichtigster
Auftritt des
Dramas

Im wichtigsten und längsten Auftritt im Zentrum des Dramas konfrontiert Posa den Herrscher mit seinem Ideal eines Staats und damit einer höheren Wahrheit als der, die der König in familiären Angelegenheiten sucht. Der Bogen des Dialogs spannt sich von der Beziehung zwischen dem Herrscher und dem Ritter über Grundsätze, die das Handeln der Hauptakteure im Staat bestimmen, bis zu den privaten Sorgen des Monarchen. Philipp gibt der Unterredung Impulse oder reagiert meist nur kurz. Erst gegen Ende überwiegen seine Gesprächsanteile. Der König ernennt Posa, der zu Beginn der Szene seine Distanz zum Hof begründet, zu seinem engsten Vertrauten. Daraus entsteht Spannung; wie wird sich der Marquis in der neuen Konstellation verhalten?

Gesprächs-
anteile

Entstehung von
Spannung: Wie wird
sich der Marquis
verhalten?

Zusammenfassung und Funktion des dritten Akts

Die Handlung des dritten Akts läuft auf den Höhe- und Wendepunkt in der letzten Szene dieses Akts zu. In dessen erstem Teil vergrößert sich die Kluft zwischen Philipp und seinen bewährten Ratgebern immer weiter, weil sie ihm in seiner persönlichen Not keine Hilfe sind. Auf der Suche nach jemandem, der für ihn die Wahrheit findet, stößt er auf Posa, der ihn schonungslos mit den Prinzipien und Folgen seiner Herrschaft konfrontiert. Wider Erwarten verschließt sich der König den Ausführungen des Marquis aber nicht, sondern ernennt ihn zu seinem engsten Vertrauten. Damit verändert sich die bisherige Personenkonstellation grundlegend (vgl. S. 12 f.), wodurch neue Konflikte und Verwicklungen zu erwarten sind.

Der vierte Akt: zunehmende Verwirrung (Elisabeth, Posa, Philipp)

Szenen IV/1–3 in einem Saal bei der Königin: Zusammentreffen Elisabeths mit Eboli und Posa nach gravierenden Ereignissen

IV/1, 2: Weil sich der Schlüssel ihrer Schatulle nicht findet, verlangt Elisabeth von der Oberhofmeisterin, sie aufzubrechen. Aus ihr entwendete Prinzessin Eboli die Briefe und das Medaillon von Carlos, die am Anfang des dritten Akts den König im Innersten aufwühlten. Deshalb erblasst (vgl. V. 3359) und zittert (vgl. V. 3365) die Hofdame und möchte weggehen (vgl. V. 3367), nicht wegen der Krankheit, von der die Königin und die anderen Gesellschafterinnen sprechen und die nur simuliert war (vgl. V. 2210–13). Als Posa im Auftrag des Königs kommt und Elisabeth allein zu sprechen wünscht, wundert sie sich sehr.

Fehlender Schlüssel zu Elisabeths Schatulle

Ebolis „Krankheit"

Reiz und Ironie der Szene IV/1 entstehen dadurch, dass die Zuschauer mehr wissen als die Akteurinnen. Jene hören den Satz der Herzogin Olivarez, „[d]ie Fürstin Eboli/Litt wenigstens nicht Mangel an Gesellschaft" (V. 3363 f.), mit Schmunzeln, denn es ist ihnen ja bekannt, dass sie eine Nacht mit dem König verbracht hat.

Szenische Ironie

IV/3: Dass Posa als Antagonist des Königs nun in dessen Dienst steht, übersteigt Elisabeths Vorstellungsvermögen: „[S]o ist die Welt/Aus ihrer Bahn gewichen" (V. 3382 f.). Posa dagegen zählt das Unfassbare zu den „Wunderdingen" der „gegenwärt'ge[n] Zeit" (V. 3385 f.). Hypothetisch begründet er seinen Rollenwechsel damit, dass er nicht mehr den sektiererischen Außenseiter spielen, sich nützlich machen und Philipp von seinen Ideen überzeugen wolle. Elisabeth bleibt skeptisch und zieht widerwillig Zweifel an seiner Aufrichtigkeit in Betracht (vgl. V. 3402–06). Sie geht davon aus, dass die Botschaft, die er vom König überbringen

Elisabeths Erstaunen

Hypothetische Begründungen des Rollenwechsels

Schlimme Mittel für eine gute Sache?

soll, nur ein Vorwand sei, um sie zu sprechen, und stellt infrage, dass „[d]ie gute Sache schlimme Mittel adeln" könne (V. 3409). Der Marquis erklärt dagegen seine besondere Redlichkeit gegenüber Philipp, die er freilich eigenwillig interpretiert, und übermittelt dessen Bitte: den Botschafter Frankreichs heute nicht zu empfangen. Geheimnisse über diesen äußeren Anlass hinaus, insbesondere Gefahren – er denkt wohl an die von Eboli ausgehende (vgl. V. 2324–28) –, brauchten sie nicht zu bekümmern.

Als er mit den Worten „Prinz Carlos" (V. 3443) doch zu seinem eigentlichen Anliegen überleitet, unterbricht ihn die Königin mit der Frage nach dem Befinden des Infanten.

Isolation und Wunsch von Carlos

Sein Wahrheitsstreben und seine Liebe isolierten ihn, antwortet Posa, bevor er den schriftlichen Wunsch des Thronfolgers, Elisabeth zu sprechen, überbringt und damit sein in der Kartäuserszene gegebenes Versprechen einlöst (vgl. V. 2448 f.). Die Königin hält es für unwahrscheinlich, dass Carlos glücklich werden könne, wenn sie es nicht sei, doch

Wiederherstellung von Entschluss- und Tatkraft des Priesters

dem Marquis geht es – wie im ersten Akt – darum, die Entschluss- und Tatkraft des Prinzen wiederherzustellen (vgl. V. 3452 f.). Diese braucht der Ritter nämlich, um seinen verwegenen Plan auszuführen, mit dem er die Niederlande vor

Rettungsplan des Marquis für die Niederlande

Alba retten will. Posa erläutert der Königin, was er vorhat, damit es der Infant von ihr hört: In Brüssel soll er sich an die Spitze einer Rebellion gegen die spanische Monarchie setzen, um so der „gute[n] Sache" (V. 3473) der Freiheit zum Durchbruch zu verhelfen. Den Einwand Elisabeths, Carlos sei zu jung dafür, entkräftet Posa mit dem Hinweis auf Graf Egmont und Wilhelm von Oranien, die ihn als erfahrene Kämpfer und Politiker unterstützten. Der Plan erschreckt die Königin, aber noch mehr fasziniert er sie. Von dem Marquis zu einer sofortigen Antwort gedrängt, bekundet

Wiederbegegnungen als Freiheitsraum

sie in wenigen Zeilen ihre Bereitschaft, den Kronprinzen zu treffen. Der Marquis seinerseits ist gewillt, Elisabeth so oft wiederzusehen, wie sie es wünscht. Das empfindet sie als etwas zweideutig, doch für den Ritter handelt es sich um eine arglose Freiheit, eine Form der Hochachtung. Dennoch könnte hier ein Ausweg, der Posa später in höchster Not einfällt, seinen Ursprung haben (vgl. V. 4685–91): die Liebe zur Königin. Beim Erscheinen der Hofmeisterin endet das vertrauliche Gespräch mit förmlichen Abschiedsfloskeln. Die enge Beziehung des Marquis zu Elisabeth muss wie die zu Carlos (vgl. V. 923–932) verborgen bleiben.

Förmlicher Abschluss des vertraulichen Gesprächs

Der Auftritt zeigt, dass der Marquis seine Ziele nun auf gegensätzliche Art und Weise zu erreichen sucht: als Freund und als Gegner des Königs. Zwar meint er beides miteinander vereinbaren zu können, indem er erzwungene, in der Audienzszene III/10 geforderte politische Veränderungen als redlichen Dienst bezeichnet (vgl. V. 3412–16, 3476f.), doch er treibt ein doppeltes Spiel mit verdeckten Karten. Nur die Königin weiht er umfassend ein. Dass sie Carlos über den Befreiungsplan unterrichten soll, ist für Posa deshalb so wichtig, weil dadurch die Liebe zu ihr auf die zu den Provinzen übergeht (vgl. V. 782–794).

Doppelspiel Posas

Carlos' Liebe zu Elisabeth und für das Land

Szenen IV/4–6 auf der Galerie:
Posas Nähe zum König und sein Verhältnis zu Carlos

IV/4: Ebenfalls heimlich informiert Graf Lerma, der als Kommandant der Leibwache den verzweifelten Philipp zu Beginn des dritten Akts als Erster antraf, Carlos über die lange Unterredung Posas mit dem König. Der Marquis habe eine außergewöhnlich bevorzugte Stellung erhalten und der Monarch rätselhafte Bemerkungen über seine Gattin gemacht, deren Inhalt Lerma aber verschweigt. Der Graf weiß von der Freundschaft zwischen dem Prinzen und dem Ritter, die verborgen bleiben sollte (vgl. V. 3519–23). Er bezweifelt, dass sie unter den veränderten Gegebenheiten Bestand hat, denn Tugend und Ehre des Freundes würden durch die Gunst des Königs, die er genieße, auf die Probe gestellt. Lerma nennt es weise, Carlos von seinen

Lermas heimliche Informationen für Carlos

Freundschaft und Tugend Posas auf der Probe

Beobachtungen zu unterrichten, weil er damit keinen Schaden anrichte (vgl. V. 3558–63). Der Infant dankt ihm gerührt, weil er in ihm einen weiteren Freund gewonnen habe.

Loyalität, Lebenserfahrung und Redlichkeit Lermas

Der Graf, der den Thronfolger schon in Aranjuez vor dessen unzufriedenem Vater verteidigt hat (vgl. V. 872–878, 882–888), steht, indem er Carlos an seinem Wissen teilhaben lässt, loyal zu ihm, ohne seine Pflichten gegenüber dem König zu verletzen (vgl. V. 3543–48). Der lebenserfahrene, redliche Lerma weiß, dass moralische Grundsätze für Aufstieg, Einfluss und Geld oft aufgegeben werden.

Brisanz der nächsten Szene

Dass der Infant von der neuen Rolle Posas erfahren hat, ohne dass dieser davon weiß, verleiht der folgenden Begegnung besondere Brisanz.

IV/5, 6: Carlos möchte den Marquis aus Sorge, entdeckt zu werden, nicht im Palast, sondern im Kartäuserkloster sprechen. Doch dieser drängt auf ein sofortiges Gespräch. Als Posa die Königin erwähnt (vgl. V. 3571), um dem Prinzen mitzuteilen, dass er sie treffen könne, unterbricht dieser ihn mit Fragen nach der Unterredung mit dem König, die der Ritter ausweichend und sogar falsch beantwortet (vgl. V. 3574–78). Dass dem Infanten dieses Gespräch wichtiger ist als sein eigenes mit der Königin und dass er ihre Zeilen in großer Zerstreuung liest, ohne den Inhalt zur Kenntnis zu nehmen, verrät, wie sehr ihn Lermas Beobachtungen aufgewühlt und verunsichert haben. Erst beim zweiten Lesen erkennt er, dass Elisabeth etwas Großes von ihm erwartet, das ihm Posa als dessen Urheber aber nicht näher erläutert. Dennoch unterwirft er sich ergriffen dem Willen der vergötterten Frau (vgl. V. 3591–94). Carlos hält sich seinerseits beim Grund der Zerstreuung bedeckt und fragt den Marquis, ob er Elisabeths Mitteilung behalten

Unterschiedliche Anliegen

Zerstreuung Carlos'

Entschluss des Prinzen, Elisabeths Wunsch zu erfüllen

dürfe. Der Malteser reagiert aber mit der Bitte, ihm sicherheitshalber die Brieftasche mit allen Habseligkeiten zu geben, worauf der Prinz sich einlässt. Sogar den wertvollsten der Briefe, den Elisabeth Carlos während seiner schweren Krankheit geschrieben hat, gibt er ihm schließlich, nachdem er an der Tür noch einmal umkehrt ist. Der Infant muss einen großen inneren Widerstand überwinden, was in Zittern, Tränen und der Umarmung des Freundes zum Ausdruck kommt (vgl. die Regieanw. am Schluss der Szene). Derart heftige Gefühlsregungen spricht er seinem Vater ab. Damit wird er allerdings nicht recht behalten.

Übergabe der Brieftasche trotz innerer Widerstände

Im folgenden Monolog fragt sich der Marquis erstaunt, ob ihm der Infant misstraue (vgl. V. 3635). Er verwirft den Gedanken jedoch, durch den er selbst dieser Schwäche erliege. Dass den Prinzen die Unterredung mit dem König befremde und schmerze, könne er ihm nicht ersparen, weil Philipp ihm, Posa, sein Vertrauen geschenkt habe. Er rechtfertigt sein Schweigen damit, dass es kein Leiden verursache oder solches sogar verhindere. Vielmehr wende er eine Gefahr von dem Freund ab, der nichts von ihr ahnt. Der Marquis bedient sich des Bildes von einem Gewitter über einem Schlafenden (vgl. V. 3648 – 52) und argumentiert ähnlich selbstherrlich wie in Szene IV/3 gegenüber der Königin (vgl. V. 3437 – 41).

Misstrauen zwischen den Freunden?

Rechtfertigung des Schweigens

Selbstherrlichkeit Posas

Carlos hätte allen Grund, Posa zu misstrauen, doch mit der Übergabe der Brieftasche setzt er sich über seine Vorbehalte hinweg. Er vermeidet die offene Konfrontation, obwohl seine Fragen den Marquis in die Enge treiben (vgl. V. 3571 – 80), und er überlässt dem Freund das Kostbarste, was er hat. Der Marquis hält damit alle Fäden in der Hand und ist in der Lage, sich über die Belange anderer, ihm sehr nahestehender Menschen eigenmächtig hinwegzusetzen.

Inkonsequenz des Infanten

Posa hat nun alle Fäden in der Hand

Szenen IV/7–12 im Kabinett des Königs:
Streit zwischen Philipp und Elisabeth

IV/7, 8: Während Posa in dem vorausgehenden Monolog Zweifel überwindet, verliert Philipp in seinem Selbstgespräch die anfängliche Sicherheit, Vater der Infantin Clara Eugenia zu sein. Wie zu Beginn des dritten Akts sieht er sich an einem Abgrund, in den er zu stürzer fürchtet. Nachdem er sich zunächst damit beruhigt hat, dass die Tochter ihm gleicht, fällt ihm bei den Worten „mein Blut" (V. 3658) mit Schrecken ein, dass die eigenen Züge auch die des Sohnes sein könnten. Deshalb vergleicht er sein Spiegelbild mit dem Porträt von Carlos auf dem Medaillon, das die Prinzessin aus der Schatulle der Königin gestohlen hat (vgl. die Regieanw. am Anfang des 3. Akts) und das er nun wütend auf den Boden wirft. In diesem Moment meldet Graf Lerma die Gattin an, die eintritt, ohne dass Philipp sie in seiner verzweifelten Verfassung empfangen will. Da seine Ungewissheit auf Elisabeth als Mutter der Infantin zurückgeht, zeichnet sich der Konflikt des Königspaars schon ab, bevor die ersten Worte gewechselt werden. Die bevorstehende Konfrontation ist auch am Umgang mit dem Kind und dessen Verhalten zu erkennen.

Schreckensge-danke des Königs

Ausbruch des Konflikts zwischen dem Königspaar vor dem ersten Wortwechsel

IV/9: Weil Philipp seine Tochter von sich weggedrückt hat, sucht Clara Eugenia die Nähe ihrer Mutter. Elisabeth verlangt vom König auf Knien, den Dieb zu suchen, der aus ihrer Schatulle „Sachen/Von großem Wert für mich" (V. 3672f.) gestohlen habe, oder sie von ihrem Hofstaat zu trennen. Der Täter „[v]on Range" (V. 3684) müsse aus diesem vermögenden Kreis kommen, denn Wertgegenstände hätten ihn nicht interessiert. Die entwendeten Dinge könnten in fremden Händen aber Unheil anrichten, wie der abgebrochene Satz in V. 3676 zu ergänzen wäre. Philipp, der einzelne Worte wiederholt und die Königin mehrfach aufzustehen bittet, ist perplex, dass es sich um Briefe und

Elisabeths Forderung nach Gerechtigkeit

ein Medaillon von seinem Sohn handelt (vgl. V. 3688 f.). Elisabeth erinnert jedoch daran, dass der Briefkontakt zwischen ihr und Carlos einst im Interesse Spaniens und Frankreichs lag. Ob das Geschenk des Medaillons als Ausdruck der Liebe den vorgegebenen Rahmen sprengte, sei fraglich, das Verhalten des Infanten aber verständlich. Denn dass sie seine Mutter würde, konnte er damals nicht ahnen (vgl. V. 3694–3705).

Emotionale Reaktion und rationale Erklärung

Unterdessen findet die kleine Infantin das angesprochene, vom König auf den Boden geworfene Medaillon (vgl. die Regieanw. in V. 3660), freut sich über das schöne Bild und gibt es ihrer Mutter. Diese ist entsetzt, weil sie, ohne von Domingos und Albas Intrige zu wissen, davon ausgehen muss, dass ihr misstrauischer, eifersüchtiger Gatte den Diebstahl angeordnet hat und niemand anders anzuklagen sei (vgl. V. 3713–16). Elisabeth verwahrt sich gegen solche Mittel und bezeichnet sie zynisch als „sehr königlich und edel" (V. 3709).

Überraschende Wendung des Gesprächs

Philipp vermutet in der Rechtfertigung ein Täuschungsmanöver wie in Szene I/6 im Garten von Aranjuez, als ihm seine Gattin das Gespräch mit Carlos verheimlichte. Damals habe sie seine Ehre verletzt, doch die Königin beansprucht dieselbe in höherem Maße für sich (vgl. V. 3730–32). Es verbiete sich nämlich, sie in Anwesenheit des Hofes unnachsichtig zu verhören. Sie bekennt sich zu ihrer Entscheidung, eine dringende Bitte des Prinzen zu erfüllen, den sein Vater wenig, sie aber sehr schätze und den sie ursprünglich heiraten sollte. Ihren Willen und ihre Urteile über Menschen möchte sie sich nicht vorschreiben lassen (vgl. V. 3746–49, 3769–72). Der König führt Elisabeths Kühnheit darauf zurück, dass sie seine schon in Aranjuez erwähnte Schwäche, seine Liebe zu ihr, kenne (vgl. V. 867), doch diese könne auch zu rasender Eifersucht werden. Zwischen Möglichkeit und Wirklichkeit schwankend, beschuldigt er sie, ihn zu hintergehen, spricht von blutiger Rache und gerät

Philipps Unterstellung eines Täuschungsmanövers

Elisabeths Rechtfertigung

Beschuldigungen zwischen Möglichkeit und Wirklichkeit

völlig außer sich. Die Königin ist sich, wie ihre mehrfache Nachfrage „Was hab' ich denn begangen?" (V. 3779, 3786) zeigt, keines Vergehens bewusst und empfindet Mitleid mit ihrem Gatten. Trotzdem beschimpft er sie in höchster Erregung als „Buhlerin" (V. 3793) und stößt die Infantin, die sich erschrocken an ihre Mutter klammert, grob von ihr weg. Elisabeth nimmt Clara Eugenia schützend auf den Arm, will sich in ihrer französischen Heimat Unterstützung holen, stürzt beim Verlassen des Raums ohnmächtig zu Boden und verletzt sich dabei. Dadurch befindet sich der König in einer peinlichen Situation, denn Personen, die sich nähern, nehmen ihn als unbeherrscht und gewalttätig wahr. Um das zu vermeiden, nötigt er Elisabeth zum Aufstehen und hilft ihr dabei.

Verletzung der Königin

Die Forderung Elisabeths nach Gerechtigkeit verunsichert den König zunächst. Ihre Auskünfte und ihre Verteidigung, die sie selbstbewusst und offen vorträgt, erzürnen Philipp jedoch und fachen seine Eifersucht immer weiter an. Das Gespräch nimmt durch die Infantin, die das Medaillon findet, eine neue Wendung. Schon in Szene IV/7 bringt ihr Antlitz den Vater aus der Fassung. Er möchte das Kind weder bei sich noch bei seiner Mutter haben (Regieanw. in V. 3660, 3794), Elisabeth aber stürmt es entgegen und sie nimmt sich seiner an. So wird das Mädchen zum Indikator von Wahrheit und Humanität (vgl. V. 3658 f.).

Zunehmende Eifersucht

Clara Eugenia – Humanität und Wahrheit

IV/10, 11: Alba und Domingo hoffen, als die Königin bei deren Eintreten weggeführt wird, etwas über den Grund des Zustandes ihrer Herrin zu erfahren. Stattdessen beschuldigt Philipp sie, seinen Argwohn genährt und ihn in diese Lage gebracht zu haben. Mit größter Verachtung nennt er sie „Teufel" und wünscht ihnen den Dank der „Hölle" (V. 3810, 3814). Elisabeth dagegen habe sich nicht wie eine Schuldige verhalten, weshalb er seine heftigen

Vorwürfe des Königs gegen Alba und Domingo

Vorwürfe bereue. Ausweglosigkeit (vgl. V. 3800) und Verletzung Elisabeths haben Philipp also wieder zur Besinnung gebracht.

Als ihn Posa sprechen will, heißt er ihn willkommen, die verblüfften Garanten des alten Systems schickt er dagegen fort. Insofern bestätigen und unterstreichen die beiden Szenen die am Ende des dritten Akts eingeleitete Machtverschiebung.

Bestätigung der eingeleiteten Machtverschiebung

IV/12: Der König bekennt sich ausdrücklich zu Albas Entmachtung, obwohl der Marquis die unbarmherzige Härte gegen den treuen General tadelt. Dieser sei ihm, so Philipp, aber nie derart nahegestanden wie Posa. Er habe sich ihn, den Marquis, in kurzer Zeit als Freund erwählt und zeichne ihn mit dem „Siegel meiner königlichen Gunst" (V. 3827) vor allen anderen aus. Der Ritter versucht, sich

Posa im Zeichen der königlichen Gunst

dieses Wohlwollens auch dann zu versichern, wenn er geheim agieren müsse. Er berichtet von einem Gerücht über ein Zerwürfnis des Königspaars, das mit Gewalt verbunden gewesen sei (vgl. V. 3833–36). Dafür gebe es jedoch keinen Grund, denn die Situation habe sich

Der König durchschaut die Intrige, nachdem er Ebolis Brief an Carlos gelesen hat (Thalia Theater Hamburg 2011).

völlig verändert. Als Beleg übergibt der Marquis Philipp die Brieftasche, die er Carlos weggenommen habe (vgl. V. 3842–44) – in Wirklichkeit erhielt er sie auf sein Bitten von dem aufgewühlten Prinzen (vgl. V. 3603–31). In ihr findet der König die Einladung Ebolis an den Infanten zu

Entkräftung des Gerüchts um das Königspaar

einem Rendezvous mit ihr (vgl. V. 3849–54; V. 1278–86). Dadurch fühlt er sich nicht nur in seiner Neigung zu der Hofdame betrogen, sondern vor allem als Opfer einer „[s]atanische[n] Verräterei" (V. 3855). Denn die Prinzessin weckte mit dem Medaillon und den Briefen des Thronfolgers den Argwohn gegen seine Gemahlin. Er durchschaut die Intrige, ahnt die Mitwirkung Domingos (vgl. V. 3864f.) und vermutet, Elisabeth zu Unrecht eines Verhältnisses mit seinem Sohn verdächtigt zu haben. Posa lenkt diesen Verdacht von der persönlichen auf die politische Ebene, indem er seinen eigenen Plan, Carlos in die Niederlande zu entsenden, der ehrgeizigen, kühl kalkulierenden Königin unterstellt, die sich bisher von der Macht ausgeschlossen sehe (vgl. V. 3869–83). Sie bediene sich des jungen Thronfolgers, der deshalb eine Gefahr darstelle (vgl. V. 3885–88). Um ihr zu begegnen, erhält der Ritter die erbetene alleinige und uneingeschränkte Handlungsfreiheit sowie einen geheimen Haftbefehl gegen den Prinzen.

Damit verfügt Posa über weitreichende Mittel, die er nach Belieben nutzen kann. Bei den Zuschauern aber wachsen die Zweifel an seiner Integrität weiter, denn er geht mit der Brieftasche des Freundes ebenso eigenmächtig um wie mit der Wahrheit. So stellt er sich unwissend, als Philipp Ebolis Handschrift erkennt (vgl. V. 3856–58), und gaukelt ein eigenes Gespräch mit dem Pagen vor, der Carlos den Brief übergeben hat (vgl. V. 3858–60). Vor allem legt er nahe, dass die Königin die Urheberin seiner eigenen politischen Ideen sei, um Philipp zu beruhigen (vgl. V. 3883f.) und abzulenken.

Entlarvung der Intrige durch den König

Umlenkung des Verdachts durch Posa

Vollmachten des Marquis

Zweifel des Zuschauers an Posas Integrität

Szene IV/13 auf der Galerie: Lermas zweite Warnung und ihre Folgen

Beruhigende und erschreckende Informationen

IV/13: Graf Lerma beruhigt den verängstigten Carlos, dass die Gerüchte unwahr seien, Philipp habe Elisabeth mit dem Dolch verletzt. Er informiert ihn aber nach der ersten, in den Wind geschlagenen Warnung am selben Tag und Ort (vgl. V. 3936 f. und die Szene IV/4) erneut über bedrohliche Entwicklungen (vgl. Regieanw. in den V. 3899–3901): Die Brieftasche des Infanten habe er in den Händen des Königs gesehen, als der Marquis bei ihm stand. Der Prinz kann dem ihm treu ergebenen Oberst nicht glauben und beschuldigt ihn in seinem Schmerz, die Freundschaft mit Posa eifer- und rachsüchtig zerstören zu wollen (vgl. V. 3950–53). Voller Nachsicht berichtet der Graf weiter vom königlichen Dank an den Marquis für wichtige Neuigkeiten (vgl. V. 3898 f., 3955–58) und vom beispiellosen Aufstieg des Ritters.

Vorwürfe des Prinzen und Lermas Nachsicht

Diese radikale Veränderung, die ihm Posa verheimlichte, erklärt Carlos damit, dass dessen Liebe sich nicht auf einen Einzelnen beschränken konnte, sondern allen Bürgern seines Vaterlandes zuteilwerden sollte. Deshalb habe er den Freund seinen politischen Idealen geopfert (vgl. V. 3969–73). In seiner Verzweiflung über den vermuteten Verlust des einzigen ihm nahestehenden Menschen ermuntert der Prinz den verständnisvollen und hilfsbereiten Lerma sarkastisch, ihn ebenfalls zu verraten. Der Graf jedoch lenkt die Gedanken von Carlos auf Maßnahmen, sich in Sicherheit zu bringen, und als der Infant dafür keine Hoffnung sieht, auf die Rettung der Königin (vgl. V. 3981–84). Denn wegen deren Brief an den Prinzen, den er dem Marquis schweren Herzens überließ (vgl. V. 3621–30), glaubt er Elisabeth in größter Gefahr. Auf der Suche nach Wegen, sie zu warnen, fällt ihm ein weiterer „Freund" (V. 3992) ein, auf dessen Unterstützung er vertraut und zu dem er eilt.

Erklärungen des Infanten für Posas Schweigen

Rettung der Königin

Bei diesem „Freund" handelt es sich um Prinzessin Eboli, von deren Tugendhaftigkeit der Infant weiterhin überzeugt ist (vgl. V. 2384–86). Er schätzt sie ebenso falsch ein wie den unerschütterlichen Beistand des Grafen, den er nicht würdigt. Tief erschüttert übersieht er, dass ihm mit Lerma ein wirklicher Freund zur Seite steht, auf den er sich verlassen kann. Aus dessen zweiter Warnung folgert Carlos, dass

Fehleinschätzungen eines „Freundes"

sich für Posa eine neue, günstigere Gelegenheit ergeben hat, seine politischen Ideale ohne ihn durchzusetzen. In seiner Verlassenheit fasst er deshalb einen Entschluss mit dramatischen Folgen: mit Ebolis Hilfe zur Königin zu gelangen. Das Zusammentreffen mit der Hofdame sucht Posa aber mit allen Mitteln zu verhindern, weil er ihr zutiefst misstraut (vgl. V. 2323–2377 und die Szenen IV, 15–17).

Szene IV/14 in einem Zimmer der Königin: Versuch einer neuen Intrige

Denunzierung Posas durch Alba und Domingo

IV/14: Alba und Domingo, die Drahtzieher der Intrige gegen Elisabeth, wenden sich nach ihrer Entmachtung mit geheucheltem Diensteifer an dieselbe Frau, um sie über ein gefährliches Komplott zu unterrichten, das Posa gegen sie schmiede. Sie schieben den inzwischen bekannten Diebstahl aus der Schatulle der Königin auf den Marquis und stellen eine Verbindung zur Brieftasche von Carlos her, die ihm fehle. Während der Audienz des Ritters beim König sei sie zu sehen gewesen (vgl. V. 4022–33). Elisabeth

Reaktion der Königin

überrascht die Ergebenheit des Generals und des Priesters, sie rühmt Posas Ruf und staunt darüber, dass Freunde und Feinde die Rollen tauschen (vgl. V. 4034–37). Mit ihrer Bereitschaft zur Vergebung deutet sie an, dass sie Alba und Domingo als Anstifter des Misstrauens kennt, das ihr Gatte gegen sie hegt. Da die beiden Intriganten aber Posa der Verschwörung gegen die Königin beschuldigen, soll der

Zeugenaussage und geheimer Dienst der Intriganten

Herzog dies beim König bezeugen (vgl. V. 4046f.). Domingo wendet ein, dass sie ihren Dienst für Elisabeth nur geheim leisten könnten, doch diese entgegnet, dass sie vor ihrem Gemahl nichts zu verbergen habe, was sie mit ihnen bespreche (vgl. V. 4051–54). Sie stellt die direkte Frage nach ihrer Schuld oder Unschuld, die der Priester aber zurückweist, und vertraut im Gegensatz zu dem General auf die Gerechtigkeit des Königs.

Der Auftritt zögert als retardierendes Moment das Zusammentreffen von Carlos und Prinzessin Eboli hinaus. Gleichzeitig lenkt er die Aufmerksamkeit auf die Bemühungen von Posas Rivalen, dessen Aufstieg entgegenzuwirken und den verlorenen Einfluss zurückzugewinnen. Dabei scheuen sie nicht davor zurück, eine neue Intrige zu inszenieren und sich ihrer Gegnerin anzudienen. Die Königin entlarvt die Denunziation aber souverän.

Retardierendes Moment

Szenen IV/15 – 17 im Zimmer der Prinzessin Eboli: dramatische Zuspitzung durch die Verhaftung des Prinzen

IV/15: In Ebolis Verwunderung über Posas Aufstieg platzt Carlos mit der Frage, ob die Prinzessin noch – wegen der ihr in Szene II/8 zugefügten Kränkung – beleidigt sei. Entgegen seinem Vorsatz, sanft aufzutreten (vgl. V. 4062f.), appelliert er äußerst emotional mit Worten und Gesten an sie, ihm zu verzeihen und ihren Hass zu überwinden, obwohl er sein Verhalten nicht bereue (vgl. V. 4067f., 4074). Er baut auf ihre gütige Nachsicht, weil er außer ihr keinen Freund mehr habe, und beschwört sie, ihrer Liebe zu ihm ein letztes Opfer zu bringen. Sie solle über sich hinauswachsen, indem sie ein Gespräch zwischen ihm und Elisabeth arrangiert. Carlos fleht Eboli, die sich seiner Zudringlichkeit kaum erwehren kann, auf Knien an, seine Forderung zu erfüllen.

Emotionale Appelle des Infanten

IV/16: In diesem Moment stürzt Posa mit zwei Offizieren der Leibwache in größter Sorge herein, um zu verhindern, dass der Prinz Geheimnisse ausplaudert, die Eboli weitererzählen könnte: ihre Freundschaft und die politischen Befreiungspläne. Der Infant wiederholt seine dringende Bitte an die Prinzessin, doch der Ritter trennt beide, bedroht die Hofdame mit dem Tod und lässt den Freund verhaften. Er befiehlt, dass mit dem Thronfolger niemand sprechen dürfe, vereitelt, dass die Prinzessin flieht, und erklärt, dem

Verhaftung des Prinzen durch den Marquis

König und Carlos Rechenschaft über diese Aktion abzulegen. Die Situation wühlt den Marquis derart auf, dass er heftig zittert und nur mühsam die Fassung behält (vgl. Regieanw. in V. 4106), während der Infant sich in sein Schicksal fügt.

Posas Absicht, Eboli umzubringen

IV/17: Posa will von der Hofdame, bevor er sie umbringt, unbedingt wissen, was der Kronprinz ihr gegenüber preisgegeben hat. Ihr bekannt, seien sie „Gift", das „über diese Lippen" (V. 4125) treten könne und dessen Gefäß er deshalb zerstöre. Die Voraussetzungen seines großen Vorhabens und das Leben Elisabeths, die er eingeweiht hat (vgl. V. 3454–3514), seien dann nicht in Gefahr (vgl. V. 4127f.). Als Eboli ihren Widerstand aufgibt und ihr Sterben sogar „[v]erdient" nennt (V. 4130), lässt der Ritter jedoch plötzlich von ihr ab, weil ihm ein anderer Ausweg einfällt, den die Zuschauer aber erst später nach und nach erfahren.

Ebolis plötzliche Sinnesänderung

Dieser Entschluss am Ende von drei Szenen, in denen sich Aktionen und Emotionen zu höchster Dramatik steigern, bestimmt das weitere Geschehen und rückt den Marquis in ein anderes Licht. Der abrupte Strategiewechsel verdichtet sich in einem eindringlichen Bild: Den Blick in den Himmel gerichtet und den Dolch auf die Brust der Prinzessin gesetzt, die auf den Boden gleitet und ihn fest ansieht, „lässt [er] die Hand langsam sinken" (Regieanw. zu V. 4130). Dem barbarischen Akt, einen Menschen zu töten, wirkt eine geistige, vernünftige, moralische Kraft entgegen.

Barbarei und Moral

Szenen IV/18–21 in einem Zimmer der Königin: Geständnisse und Bestrafung der Prinzessin Eboli sowie Posas Vermächtnis

IV/18–20: Die Königin bittet eine ihrer Hofdamen, den Grund für eine Ansammlung erregter Personen herauszufinden, als Prinzessin Eboli außer sich herbeieilt und Elisabeth um Hilfe ruft, weil Carlos von Posa festgenommen wurde.

Ebolis Sorge um den gefangenen Prinzen

Wie sehr die unbegreifliche Nachricht die beiden Frauen aufwühlt, zeigt sich daran, dass die eine den Namen des Verhafteten erst nach zweimaliger Nachfrage nennt und die andere sich noch einmal nach dem erkundigt, der den Befehl erteilte (vgl. V. 4136–41). Dass es der Marquis war, beruhigt die Königin. Sie vermutet, der Infant werde für ein jugendliches Fehlverhalten bestraft, doch Eboli fürchtet um sein Leben (vgl. V. 4146–51). Sie bezichtigt sich als „Mörderin" (V. 4152), weil sie die Eifersucht des Königs geschürt und – so nimmt sie an – die Verhaftung des Prinzen verursacht habe. Die gütig-beruhigende Reaktion Elisabeths, die in sachliche Fragen mündet (vgl. V. 4160), weist die Prinzessin zurück und sie bekennt ihre Schuld. Sie erniedrigt sich selbst als „Elende" und „Teufel" vor dem „Engel/Des Lichtes" und der „[g]roße[n] Heilige[n]" (V. 4166, 4169–71). Aus unerwiderter Liebe zu Carlos und Hass auf die – vermeintliche – Rivalin habe sie die Briefe gestohlen und dem König gegeben. Diese aus Liebe begangene Tat vergibt ihr die Königin großmütig, das Verbrechen des Ehebruchs mit Philipp, das Eboli anschließend gesteht, ahndet Elisabeth dagegen hart: Die Hofdame muss ins Kloster gehen.

Ebolis Sorge um das Leben des Prinzen und ihre Geständnisse zeigen noch einmal die empfindsame Seite der Prinzessin, die durch ihre Gefühle zu einer verwerflichen Tat getrieben wurde. Die Königin agiert in der Konfrontation mit ihrer Gegnerin souverän und bleibt in der spannungsgeladenen, aufregenden Situation ruhig. Sie versucht, ihrer verstörten Hofdame zu helfen, und beurteilt deren Verfehlungen differenziert. Sie unterscheidet, ob sie aus einem verständlichen Gefühl heraus geschehen oder in der Absicht, anderen zu schaden, gegen moralische Grundsätze verstoßen.

IV/21: In der Unterredung zwischen Posa, der die vorausgehenden dramatischen Ereignisse verantwortet, und der Königin, die sich Aufklärung über sie erhofft, erscheint der

Schuld-
bekenntnisse
der Prinzessin

Vergebung und
Bestrafung durch
die Königin

Ebolis
empfindsame
Seite

Souveränität und
Ruhe Elisabeths

Posas veränderte
Erscheinung

Ritter völlig verändert. Sein Äußeres und sein Reden über-
schattet der bevorstehende Tod (vgl. Regieanw. nach
V. 4202). Nachdem er sich vergewissert hat, dass ihr
Gespräch nicht abgehört werden kann, bestätigt er die

Der Marquis als
Verlierer des
gewagten Spiels

Gefangennahme des Freundes, was Elisabeth ein „gewag-
tes Spiel" nennt (V. 4216). Er habe es verloren, so der
Marquis, doch Carlos sei gerettet. Einen Würfelspieler vor
Augen, beklagt er in rhetorischen Fragen (vgl. V. 4220–26),
ausschließlich auf das fragwürdige Angebot des Königs
und damit auf den Zufall gesetzt zu haben. Wichtiger als

Rettung des
Infanten

Selbstkritik sei es in der ihm verbleibenden Zeit jedoch, für
die Rettung des Prinzen zu sorgen. Dieser müsse in der
Nacht mit dem Postwagen, der ihn am Kartäuserkloster
abhole, abreisen, von ihm, Posa, und der Königin mit den
nötigen finanziellen Mittel versehen. Alles Weitere solle
Elisabeth ihm mitteilen.

Der Ritter bekennt sich zur Freundschaft mit dem „Fürsten-
sohn" (V. 4257), deren Glück er auf „[d]ie ganze Welt" aus-
dehnen wollte (V. 4259). Sein bevorstehender Tod
verhindere, dass er sein Werk, das er eine „schöne[ ] Pflan-
zung" und ein „Paradies" nennt (V. 4260, 4263), vollenden

Carlos als Erbe
von Posas Werk

könne. Deshalb legt er es als sein „letztes kostbares Vermächtnis" (V. 4268) Elisabeth ans Herz, das er zum „heiligen Altare" (V. 4266) erhebt. Sie soll Carlos das gemeinsame
Erbe übertragen. Posa erinnert an den mit dem Freund
abgelegten Schwur, für „eine[n] neuen Staat[ ]" (V. 4280)
zu kämpfen. Er verlangt von dem Prinzen, den ebenfalls
religiös überhöhten, weil „[a]uf die geteilte Hostie
geschworen[en]" (V. 4275) Eid zu halten, wie er selbst es
getan hat. Carlos möge mit der Verwirklichung des
„kühne[n] Traumbild[s]" (V. 4280) in der Gewissheit
beginnen, dass ein Nachfolger in späteren Zeiten ihr Werk

Bewahrung der
jugendlichen
Begeisterung

„mit derselben/Begeisterung" (V. 4288 f.) weiterführe und
vollende. Der Thronfolger solle seine jugendliche Begeisterung auch als vernünftiger und weiser Erwachsener bewahren

Elisabeth und Posa reden über den Thronfolger, der auf der Videoleinwand eingeblendet ist (Grillo-Theater Essen 2008).

und sich an seiner, Posas, Stelle für „Menschenglück" (V. 4299) einsetzen. Der Marquis erläutert, dass er sich vor der Alternative „Karl oder ich" (V. 4309) für den Infanten und gegen sich selbst entschieden habe. Zwar hätte er als Freund und Vertrauter des Königs Reformen durchführen können, aber Philipps Herrschaft habe sich überlebt und Spaniens und Europas Zukunft gehöre dem Kronprinzen. Bedenken, „[v]ielleicht das Schlimmere gewählt" zu haben (V. 4324), wischt er damit beiseite, dass er Carlos kenne und Elisabeth für ihn bürge. In dessen Liebe zu ihr sah er „der Hoffnung goldnen Strahl" (V. 4336), den Thronfolger zu einem vortrefflichen König nach seinen Vorstellungen zu bilden und zu veredeln. Die Königin wendet ein, dass der Marquis ihre Gefühle für den Prinzen außer Acht gelassen habe, doch Posa entgegnet, dass aus ihnen „Heldentugend" (V. 4354) entstehe. Diese vergleicht er mit einem Gemälde und einem Musikstück, deren Wahrheit und Schönheit nicht an die materielle Existenz oder den Besitzer gebunden sind. Um ruhig im Wissen sterben zu können, dass Carlos als tugendhafter, menschenfreundlicher König regieren wird, drängt der Marquis Elisabeth zu dem Versprechen, „ewig ihn zu lieben" (V. 4368, 4371).

(Randnotizen:) „Karl oder ich"

Elisabeth als Bürgin

Wahrheit und Schönheit als Idee

Posas Vermächtnis

- Rettung von Carlos durch Opferung des eigenen Lebens
- Freundschaft mit dem Prinzen als ideelle Basis für das Glück aller Menschen
- Einlösung des Eids, den Staat zu erneuern
- Bewahrung der jugendlichen Begeisterung Carlos' im Erwachsenenalter
- Bildung und Veredelung des Infanten zu einem vorbildlichen König
- Übertragung des Erbes und Verpflichtung darauf durch Elisabeth nach dem Tod des Marquis

Wiedersehen im Jenseits

Als sich die Königin nach einem Wiedersehen erkundigt, vertröstet er sie indirekt auf das Jenseits (vgl. V. 4379). Seine erneute Begründung „Er oder ich" (V. 4381) lässt sie aber

Posas Streben nach Bewunderung

nicht mehr gelten; vielmehr suche er Bewunderung für die Entscheidung, sich selbst zu opfern. Posa fühlt sich durchschaut, womit er nicht gerechnet hat. Die mehrfache, nachdrückliche Frage Elisabeths nach seiner Rettung, aus der zu schließen ist, dass ihr viel an ihm liegt, verneint er ebenso oft. Ihre Abschiedsbemerkung, keinen Mann mehr zu schätzen (vgl. V. 4395), löst heftige Empfindungen und ein Bekenntnis zur Schönheit des Lebens in ihm aus. Die Andeutung ihrer Zuneigung erwidert die seine (vgl. V. 3504–09).

Erste große Abschiedsszene

In der ersten von drei großen Abschiedsszenen teilt der Marquis der Königin seinen Entschluss, sich für den Prinzen zu opfern, sein politisches Vermächtnis und die ihr zugedachte Aufgabe mit, die Schiller im dritten der „Briefe über Don Carlos" so beschreibt: „[S]elbst diese unglückliche Liebe wird jetzt in ein Werkzeug zu jenem wichtigeren Zwecke umgeschaffen, und Flanderns Schicksal muss durch den Mund der Liebe an das Herz seines Freundes reden."[1] In diesem Sinne

---

[1] Friedrich Schiller: Sämtliche Werke. Hrsg. v. Gerhard Fricke und Herbert G. Göpfert. Zweiter Band. München: Hanser/Darmstadt: Wiss. Buchgesellschaft 1981, S. 238

wirkte Elisabeth bereits in Szene I/5 (vgl. V. 780–794) in natürlicher Tugendhaftigkeit (vgl. V. 2329–67) auf den Infanten ein. Was Posa jetzt vorhat und warum er so handelt, nachdem sein ursprünglicher Plan (vgl. V. 3468–77) durch die Verhaftung des Prinzen gescheitert ist, verschweigt er der Königin: „Verlangen Sie nicht mehr zu wissen." (V. 4312)

Posas Schweigen über Absichten und Gründe

Szenen IV/22–24 im Vorzimmer des Königs: dramatische Zuspitzung durch Posas abgefangenen Brief

Während aus Lermas Fragen nach dem Marquis (vgl. V. 4397, 4425) das dringende Bedürfnis Philipps hervorgeht, den Ritter zu sprechen, verlangt der Oberpostmeister Taxis unverzüglich Zutritt zum König. Dieser aber wünscht außer dem Marquis niemand zu empfangen. Um zu ihm zu gelangen, sei, so Alba, die Erlaubnis von Posa nötig, der nicht nur Carlos festgenommen habe, sondern auch den Monarchen selbst beherrsche (vgl. V. 4404–07). Taxis informiert die neugierigen Alba und Domingo, dass er von diesem Ritter einen an Wilhelm von Oranien, den Anführer der aufständischen Niederländer in Brüssel, gerichteten Brief erhalten habe, den er Philipp bringe. Verrat witternd (vgl. V. 4418f.), loben die beiden von der Macht Verdrängten den Diensteifer des Oberpostmeisters, den Lerma schließlich zum König bittet. Die Zurückbleibenden wundern sich, dass Posa nirgends zu finden ist, für sein Handeln bei Philipp keine Rechenschaft ablegt und der König „noch kein Wort" sprach (V. 4431). Dann ruft Taxis Lerma ins Kabinett des Königs.

Bedürfnis des Königs, den Marquis zu sprechen

Posas verräterischer Brief an Wilhelm von Oranien

Alba und Domingo versuchen horchend, etwas von den entscheidenden Vorgängen im anderen Raum, von dem sie jetzt ausgeschlossen sind, mitzubekommen, bis sich der Prinz von Parma mit weiteren Granden nähert. Diese wollen zum König und finden bestätigt, dass der Infant durch den Marquis verhaftet worden sei, was ganz Madrid erschrecke und die Monarchie in ihren Grundfesten

Alba und Domingo als Ausgeschlossene

erschüttere (vgl. V. 4454–56). Als Alba deshalb den Entschluss fasst, Philipp seine Ergebenheit durch eine Unterwerfungsgeste (vgl. V. 4458f.) zu zeigen, stürzt Lerma, vor Entsetzen bleich, aus dem Kabinett und ruft den Herzog zum König. Dadurch kündigen sich große Veränderungen an. Sie werden durch einen Vorfall verursacht, von dem Lerma berichtet und den er als „teuflisch" bezeichnet (V. 4464), der auf den überbrachten Brief zurückgeht und der alle erschüttert: „Der König hat/Geweint." (V. 4465f.) Solche heftigen Gefühlsäußerungen hatte ihm sein Sohn am Ende der Szene IV/5 abgesprochen.

In diesem Moment eilt die verzweifelte Prinzessin Eboli herbei, um dem König die Wahrheit zu sagen. Sie will ihn über die Intrige von Domingo und Alba aufklären und so die Verurteilung von Carlos verhindern, die, wie sie glaubt, die Folge sei (vgl. V. 4472–75). Der Priester soll ihr Zeuge sein, doch dieser versucht, sie aufzuhalten. Sie würde die Wiederherstellung der ehemaligen Machtverhältnisse durchkreuzen, die Alba triumphierend verkündet.

Die angespannte Ungewissheit der drei Auftritte entsteht dadurch, dass sich die wichtigen Ereignisse im Kabinett des Königs außerhalb der Szene abspielen. Ein weinender Monarch sprengte zur Zeit Schillers das Vorstellungsvermögen und war nicht auf der Bühne, sondern nur indirekt darzustellen. In dieser Situation fungiert Lerma als Vermittler – dramentechnisch als Bote –, der die Zuschauer an dem Geschehen teilhaben lässt, das sie nicht sehen. Außerdem ist an den Personen, die trotz der Selbstisolation Philipps Zugang zu ihm haben, die Machtverschiebung zu erkennen: Dieses Vorrecht genießt Posa (vgl. V. 4397, 4404–06, 4425, 4444f.), bis Herzog Alba gerufen wird (vgl. V. 4459). Die Wahrheit, die Prinzessin Eboli reumütig aufdecken will, bleibt verborgen.

Marginalien:

Sich ankündigende Machtverschiebung

Der weinende König

Ebolis scheiternder Versuch, die Wahrheit aufzudecken

Entscheidende Vorgänge außerhalb der Bühne

Lerma als Vermittler (Bote) zwischen beiden Räumen

Zusammenfassung und Funktion des vierten Akts

Im Unterschied zum dritten Akt, in dem sich die Handlung geradewegs auf den Höhepunkt zubewegt, stellt sich das Geschehen im vierten vielschichtig und turbulent dar. Posas Doppelspiel mit undurchschaubaren und wechselnden Absichten führt zu dramatischen Ereignissen und zu Spannungen in der Freundschaft mit Carlos. Das Königspaar entzweit sich in offenem Streit und Elisabeth lässt sich auf die politischen Pläne des Marquis ebenso ein wie auf seinen Auftrag, diese nach seinem Tod dem Kronprinzen ans Herz zu legen. Im vierten Akt agiert Posa als engster Vertrauter des Königs. Der Akt beginnt mit der Ernennung des Marquis, durch die er alle Fäden in der Hand hält, und endet mit der Gewissheit, dass er sterben wird, und seiner Entmachtung. Dadurch ergibt sich die fallende Handlung.

Der fünfte Akt: die Katastrophe (Carlos, Posa, Philipp, Elisabeth, Großinquisitor)

Szenen V/1−7 in einem Zimmer mit Gittertür: Posas Rechenschaft, Rettungsplan und Tod

V/1−3: Posa sucht den ermatteten Prinzen in seinem Gefängnis auf. Traurige und erschrockene Blicke gehen ihren Worten voraus. Carlos bringt in ihnen seine Freude zum Ausdruck, dass der Freund zu ihm kommt, obwohl er sich von ihm aufgegeben meint (vgl. V. 4488−92). Ihre Freundschaft habe trotz dessen Verhaltens, das ihn hart getroffen habe, Bestand (vgl. V. 4495, 4501). Er verstehe, dass der Marquis seine politischen Ziele jetzt mithilfe des Königs verfolge, und wisse, dass dem Ritter diese Entscheidung schwergefallen sei (vgl. V. 4503−05). Posa musste dafür das Geheimnis von Carlos' Liebe zu Elisabeth verraten (vgl. V. 4516 f.), wozu er den Brief brauchte, den wegzugeben den Infanten große Überwindung gekostet hat

Freundschaft trotz schwerer Belastungen

(vgl. den Schluss der Szene IV/5). Statt des Freundes klagt er die eigene Verblendung an, dessen Größe nicht erkannt zu haben (vgl. V. 4519–22). Mit einer derart edlen Gesinnung hat der Marquis nicht gerechnet. Dennoch klingen in rhetorischen Fragen des Prinzen Vorwürfe an, die Königin nicht geschont zu haben (vgl. V. 4530–36). Um Verzeihung bittend, nimmt er sie aber gleich wieder zurück. Und

Rückgabe
wichtiger Briefe

Posa entkräftet sie, indem er Carlos einige seiner Briefe zurückgibt. Dieser schließt, dass der König nicht alle gelesen habe, worauf der Ritter mit der Frage spielt, ob Philipp überhaupt einen zu Gesicht bekam (vgl. V. 4548f.). Der Prinz antwortet mit den Beobachtungen des aufrichtigen Lerma und erfährt den Grund seiner Verhaftung: Der Marquis wollte verhindern, dass der Infant sich ein zweites Mal Prinzessin Eboli anvertraut.

Mitteilung Albas,
dass Carlos
frei sei

Die Unterredung unterbricht Herzog Alba, der den Thronfolger im Auftrag des Königs für frei erklärt, Posa, den entmachteten Konkurrenten, voller Verachtung ignoriert und ihn abschätzig „irgend ein[en]/- Betrüger" (V. 4567f.) nennt. Dieser habe bewirkt, dass Carlos durch ein „Versehen Seiner Majestät" (V. 4571) gefangen genommen wurde. Der Prinz akzeptiert jedoch Alba als Überbringer der Entscheidung nicht, sondern verlangt stolz, dass Philipp selbst zu ihm kommen müsse.

Wieder unter sich, erfährt der Infant, dass Posa die Gunst des

Posas Freude über
das Gelingen
seines Rettungs-
plans

Königs verloren habe. Deswegen freut sich der Marquis, dass sein Plan zur Rettung des Thronfolgers, den die Zuschauer immer noch nicht kennen, gelungen ist. Er genießt die emotionale Nähe zu dem Prinzen, die Größe des Augenblicks und die eigene Selbstzufriedenheit, die Carlos in dessen Brust und Augen wahrnimmt (vgl. V. 4596–4604). Der Infant erfährt, dass der Freund sterben wird. Posa appelliert aber an ihn, seine Trauer zu mäßigen. Er spricht sogar von der Vorfreude auf das Zusammensein in der letzten Stunde, obwohl er sich jetzt erschöpft fühlt (vgl. V. 4615–17).

Nun berichtet der Marquis dem vor Entsetzen erstarrten Prinzen zunächst, was die Zuschauer schon wissen: dass gestohlene Briefe Philipps Eifersucht gegen den Sohn erregten und dass der König deshalb ihn, Posa, ins Vertrauen zog. Durch den Lauf der Dinge gezwungen, habe er sich nach außen gegen den Prinzen stellen müssen, um ihn zu unterstützen. Seine Schuld bestehe darin, ihn nicht eingeweiht und sich darauf verlassen zu haben, dass ihre Freundschaft die Belastungen aushält. Carlos habe jedoch davon ausgehen müssen, dass er sie ihm gekündigt habe. Als der Infant in großer Bedrängnis bei der Verräterin Eboli Hilfe suchte, sah der Marquis seine politischen Pläne in größter Gefahr. Im Affekt habe er sie umbringen wollen, doch im selben Moment sei ihm ein anderer Ausweg eingefallen: sich selbst in einem Brief nach Brüssel, der in Philipps Hände gelangt, als heimlicher Liebhaber Elisabeths auszugeben, dem seine bevorzugte Stellung beim König und der auf Carlos gerichtete Verdacht entgegenkamen; dadurch die Rache auf sich zu lenken und sich zu opfern, um den Thronfolger zu retten. Erst jetzt klärt sich für die Zuschauer auf, weshalb Posa die Prinzessin nicht tötet (vgl. Szene IV/17) und der vom Freund hintergangene König weint (vgl. Szenen IV/22, 23). Der Marquis hält Carlos davon ab, seinem Vater die Wahrheit zu sagen, und deutet an, dass er seinen Tod als Gegenleistung für die Strafe versteht, die der Prinz als Kind für ihn empfing (vgl. V. 4717, 235–260). Als der Infant seine Überzeugung bekundet, dass Philipp der mit dem eigenen Leben erbrachte Freundschaftsbeweis erweichen werde, trifft Posa ein tödlicher, wahrscheinlich von einem Soldaten abgegebener Schuss. Diese Strafe des Königs (vgl. V. 4733) hat der Marquis mit dem abgefangenen Brief selbst heraufbeschworen. Im Sterben verweist er Carlos an Elisabeth, die alles über seine Rettung wisse.

Rückblickende Erklärungen ...

... für Carlos

... und für die Zuschauer

Verzeihen (Carlos) und Rache (König)

Rechenschaft Posas

In der zweiten, von Albas kurzem Auftritt unterbrochenen Abschiedsszene legt Posa dem Freund Rechenschaft über sein Verhalten ab, klärt Missverständnisse auf und gesteht Fehler ein. Dass Carlos es trotz des Anscheins der eigenen Zurücksetzung billigt, untergräbt das rationale System des Marquis vonseiten des Gefühls: „Das hab' ich nicht vorhergesehen – nicht/Vorhergesehn, dass eines Freundes Großmut/Erfinderischer könnte sein als meine/Weltkluge Sorgfalt. Mein Gebäude stürzt/Zusammen – ich vergaß dein Herz." (V. 4523–27) Dieser Instanz der Menschlichkeit traut es der Prinz sogar zu, dass der König Posa den Betrug vergibt (vgl. V. 4727–30).

Herz als Instanz der Menschlichkeit

Philipps versöhnliche Gesten gegenüber seinem Sohn

V/4: Philipp erfüllt die Forderung, die sein gefangener Sohn am Ende von Szene V/2 stellte und Herzog Alba überbrachte, mit großem Gefolge. Er erklärt Carlos für frei, hilft dem neben Posas Leiche Liegenden auf die Beine und schließt ihn in die Arme, was dieser teilnahmslos geschehen lässt (vgl. Regieanw. nach V. 4739, in V. 4741). Doch plötzlich kommt der Prinz zur Besinnung, weist die versöhnlichen Gesten des Vaters zurück und beschuldigt ihn des Mordes an dem Freund. Als der König mit seinen Granden schnell weggehen will, zwingt er ihn mit den Worten „Nicht von der Stelle, Sire" (V. 4749) und mit körperlicher Gewalt zum Bleiben. Er bekommt das Schwert zu fassen, das er als Symbol seiner

Nach Posas Tod bedroht Carlos seinen Vater (Thalia Theater Hamburg 2011).

Freiheit und Würde wieder zurückerhalten sollte – den Degen hatte ihm Posa in Szene IV/16 (vgl. V. 4107) abgenommen. Der Prinz tritt aber Befürchtungen vor einem „Königsmord" (V. 4750) entgegen. Es gehe nicht um die Monarchie, sondern um Angelegenheiten zwischen Vater und Sohn. Carlos wirft Philipp vor, die natürlichen Bande zwischen Menschen zerrissen und dadurch auch Gott infrage gestellt zu haben (vgl. V. 4767, 4771–73). Posa sei unschuldig wie Christus gestorben und habe alle anderen weit überragt: Dadurch verklärt ihn der Infant religiös.

Vorwürfe des Infanten

Vergleich Posas mit Christus

Philipps Einwand gegen die Anklage des Sohns, er habe sich, wenn auch vorschnell, doch für ihn eingesetzt, weist der Prinz zurück, weil der Tote sein Freund gewesen und für ihn gestorben sei (vgl. V. 4786 f.). Damit kommt ihre bisher verheimlichte Beziehung ans Licht. Carlos verhöhnt den Vater, sich dem Malteserritter aufgedrängt zu haben und blauäugig überlistet worden zu sein. Nun deckt er Posas Brief an Oranien doch als Täuschungsmanöver auf (vgl. V. 4803–05). Er spricht dem König wegen seiner Leichtgläubigkeit sogar die Achtung durch den Marquis ab, dessen Fülle an Gefühl und Verstand ihm Glück und Ansehen gebracht hätte (vgl. V. 4827–30). Der Infant appelliert an die Granden, die schweigend auf ihren Herrn schauen oder sich von ihm abwenden, den Jüngling wegen seiner Angriffe nicht zu verdammen, sondern seine Trauer zu teilen. Schließlich sagt er sich als Thronfolger und Sohn von seinem Vater los (vgl. V. 4847–50), der sich in der ganzen Szene kaum verteidigt und wie bei einer Verurteilung dasteht, ausgesprochen durch den Prinzen, seine Lehensleute und das Volk, das sich mit zunehmendem Lärm nähert (vgl. Regieanw. nach V. 4833, in V. 4850, 4855).

Verhöhnung des Vaters

Emanzipation des Thronfolgers und Sohns

Die Vater-Sohn-Konstellation hat sich gegenüber der Szene II/2 umgekehrt. Trieb dort der dominante König den unterlegenen Bittsteller in die Resignation, ist jetzt Philipp der Gedemütigte. Auf sich allein gestellt, tritt Carlos ihm und

Umkehrung der Vater-Sohn-Konstellation

seinen Granden empört und selbstbewusst entgegen. Mit dem Freund wie tot zu Boden gesunken, kommt er völlig verändert wieder zur Besinnung. In kurzer Zeit ist er reifer und selbstständiger geworden. Insofern spiegelt das Drama auch einen Erziehungs- und Emanzipationsprozess (vgl. das Schaubild auf S. 101). Damit schieben sich die privaten Auseinandersetzungen wieder in den Vordergrund (vgl. V. 4757–59, 4762–64), die allerdings im Beisein der wichtigsten Vertreter des Staates ausgetragen werden.

Erziehungs- und Emanzipationsprozess Carlos'

Private Auseinandersetzungen vor Repräsentanten des Staates

V/5: In der ersten von drei Szenen, die das Geschehen beschleunigen, meldet ein Offizier eine Rebellion zur Unterstützung des Thronfolgers (vgl. V. 4861–63). Alba rät dem König zur Flucht, doch Philipp kann dieser weiteren Herabsetzung seiner Person und Herrschaft nichts mehr entgegensetzen. Er fordert die Granden, die ihm kniend mit gezogenen Schwertern Treue geloben, auf, Carlos zu huldigen, reißt seinen Mantel, das Symbol des Königs, von sich und wird ohnmächtig zu Bett gebracht. Alba jedoch bricht auf, um Madrid zu befrieden – das heißt, die Rebellion mit der ihm eigenen Härte im Dienst des alten Herrschers niederzuschlagen.

Weiterer Angriff auf Philipps Person und Herrschaft

Resignation und Ohnmacht des Königs

Philipp befindet sich in dieser Szene am Tiefpunkt. Er glaubt sich als König verdrängt und seiner Rolle nicht mehr gewachsen. Anhand des Vergleichs zu dem Auftreten am Anfang des Dramas (vgl. Szenen I/6 und II/1–3) und zur Ergebenheit der Granden lässt sich die große Fallhöhe des Monarchen ermessen.

Große Fallhöhe des Monarchen

V/6: Obwohl vieles für Carlos als neuen König spricht, bleibt er allein bei Posas Leiche zurück und kann wegen schon verstärkter Wachen nicht einmal ungehindert zu Elisabeth gelangen (vgl. V. 4890–95). Der Wunsch der Königin nach einem Gespräch mit ihm, den ihr Leibarzt Mercado überbringt und dem er früher mit Begeisterung gefolgt wäre,

Elisabeths Wunsch, Carlos zu sprechen

berührt ihn zunächst nicht. Erst als er von einem Auftrag des Marquis hört, will er sie sofort aufsuchen. Er muss sich aber bis Mitternacht gedulden und Elisabeth in Gestalt des verstorbenen Kaisers Karl V., Philipps Vater, aufsuchen, der als Mönch durch die Burggänge geistere, wie es die Sage erzählt. Nur so könne er an den Wachen vorbeikommen (vgl. V. 4899–4911).

V/7: Lerma, der sich trotz seiner Nähe zum König (vgl. die Szenen III/2 und IV/22,23) konsequent und unbeirrt für Carlos einsetzt (vgl. V. 882–888, Szenen IV/4, 13), stellt sich jetzt voll und ganz auf dessen Seite. Er warnt den Prinzen vor Philipps Wut auf ihn, fordert ihn auf, unverzüglich nach Brüssel zu fliehen, und übergibt ihm Waffen. Wie ihm die Königin mitgeteilt habe, stehe im Kartäuserkloster ein Postwagen bereit. Der von ihr angezettelte Aufruhr solle seine Flucht erleichtern. Der Graf offenbart, dass ihn die Intensität der Freundschaft zwischen dem Infanten und Posa tief bewegt habe (vgl. V. 4933–35), huldigt dem künftigen Herrscher und beschwört die besseren Zeiten, die mit ihm anbrechen und die er nicht mehr erleben werde. Er bedrängt ihn jedoch, nicht gewaltsam gegen seinen Vater vorzugehen (vgl. V. 4949–55).

In Lermas zuversichtlichen, empfindungsvollen Worten zeichnet sich ein glücklicher Ausgang des Schauspiels ab. Es handelt sich jedoch um ein letztes retardierendes Moment vor der Katastrophe, die mit der Warnung des Grafen und seinem Appell, sofort zu fliehen, ebenfalls näher rückt.

Szenen V/8–10 im Vorzimmer des Königs: der Gegenschlag der etablierten Macht

V/8: Im Gedränge zahlreicher Granden informiert Alba am Abend den Herzog von Feria, dass er die Rebellion beendet habe: „Die Stadt ist ruhig." (V. 4956) Der General wiederum erfährt von diesem, dass der von Posas Verrat tief

Lermas konsequente Unterstützung des Kronprinzen

Vorbereitungen zur Flucht

Letztes retardierendes Moment

Beendigung der Rebellion durch Alba

Wesensverände-
rung des Königs

gekränkte und in seinem Wesen veränderte König nieman-
den zu sehen wünscht. Am Ende der Szene tritt Philipp
aber aus seinem Zimmer, als Alba sich gerade über das
Verbot hinwegsetzen will (vgl. V. 5014f.). Neue Erkennt-
nisse erforderten nämlich dringend Entscheidungen und

Geständnisse
eines Kartäuser-
mönchs

sofortiges Handeln. Ein festgenommener Kartäusermönch
habe gestanden, dass er Carlos im Auftrag des mittlerweile
toten Marquis Briefe mit Plänen überbringen sollte, welche
die Flucht des Infanten in die Niederlande und die Beendigung der spanischen Unterdrückung vorbereiten. Um dies
zu erreichen, habe Posa auf seinen Reisen ein europäisches
Bündnis geschmiedet und einen genauen Kriegsplan aus-
gearbeitet. Eine „[g]eheime Unterredung" (V. 5006) des
Prinzen mit Elisabeth stehe um Mitternacht bevor, weshalb
er schon die nötigen Befehle – Besetzung der Zugänge zu
den Räumen der Königin und Verdopplung der Wachen
(vgl. 5009f., V. 4891–94) – erteilt habe.

Ereignisse vor der
Dramenhandlung

Dieser Auftritt klärt über die gründlichen, detaillierten und
weitreichenden Vorbereitungen auf, die der Marquis vor
der Dramenhandlung für sein großes Ziel, die Befreiung
der Niederlande, unternommen hat. Erst jetzt überblicken
die Zuschauer den ganzen Zusammenhang seiner Bestre-

Überraschungs-
effekt

bungen und Planungen. Am Ende der Szene sind sie mit
dem unerwarteten Erscheinen des Königs einem Überra-
schungseffekt ausgesetzt.

V/9: Äußerlich und innerlich durcheinander, geistig abwe-
send und verwirrt (vgl. Regieanw. zu Beginn), tritt Philipp
unter seine erschrockenen Gefolgsleute und spricht aus,

Krampfhafte
Fixierung
Philipps auf den
toten Posa

worauf er krampfhaft fixiert ist: Posa noch einmal lebend
vor sich zu haben und zu verhindern, dass er ihn, den
König, geringschätze. Die erniedrigenden Worte von Carlos an der Leiche des Freundes (vgl. V. 4790–4823) haben
ihn schwer getroffen und wirken nach. Er fühlt sich von
dem Malteserritter verachtet (vgl. V. 5024f., 5030f.,

5041 f., 5045), obwohl er seine Herrschaft mit dem Marquis geteilt hätte. Albas Versuch, ihn anzureden, unterbricht er irritiert mit der barschen Forderung, sich dem König zu unterwerfen. Und sogar nach der Warnung des Herzogs vor einem neuen und größeren Feind, die Feria um die Worte „Prinz Carlos" ergänzt (V. 5027), bleibt er in Gedanken bei dem toten Ritter. Diesem sei Philipp, so der deprimierte Alba, noch immer verbunden. In der Haltung des Melancholikers[1], „den Kopf auf den Arm gestützt" (Regieanw. in V. 5049), bringt er seine Liebe zu Posa und – im Bild des Morgens (vgl. V. 5051 f.) – die damit verbundenen vergebliche Hoffnungen zum Ausdruck. Er, der alte Monarch am Lebensabend, habe dem Marquis aber keine Zukunftsperspektive mehr geboten, um die Ideale der Menschlichkeit zu verwirklichen. Stattdessen habe dieser sich dem Infanten zugewandt und sich für humane Verhältnisse geopfert.

Enttäuschte Liebe und vergebliche Hoffnung

Aus dem Ergebnis dieser Analyse, dem Warten auf den Tod (vgl. V. 5072f.), gewinnt Philipp paradoxerweise neue Lebens- und Tatkraft, indem er aufsteht: Er entschließt sich, wegen der erlittenen Demütigung hart und unbarmherzig zu bestrafen, die Ideen des Marquis dem Spott preiszugeben, die despotische Herrschaft zu erneuern und zu verschärfen und bei Carlos anzufangen. Der König resümiert: „Die Welt/Ist noch auf einen Abend mein." (V. 5082f.) Er liest Posas Briefe an den Sohn und lässt sich über die Vorbereitungen von dessen Flucht sowie Beobachtungen im Gemach der Königin informieren und den Großinquisitor rufen. Als ein Offizier der Leibwache berichtet, dass der „Geist des Kaisers" (V. 5117) gesehen worden sei, wie er das Zimmer Elisabeths aufgesucht habe, befiehlt der König, diesen Flügel des Schlosses durch seine Garden abzuriegeln. Er sei begierig, „[e]in Wort mit diesem Geist zu reden" (V. 5142).

Neue Lebens- und Tatkraft

Sondierung der Lage und Befehl, die Gemächer der Königin abzuriegeln

---

[1] eines depressiven und schwermütigen Menschen

Gegensätzliches
Verhalten
Philipps
Auftreten und Reden Philipps ändern sich in dieser Szene radikal. Schwäche, Abhängigkeit und Selbstmitleid treiben ihn so weit, dass er mit unerbittlicher Härte reagiert, die sich unter Posas Einfluss gemildert hatte. Er fällt in die Unerbittlichkeit des Despoten zurück, mit der er zu Beginn des Dramas aufgetreten war. Weitere Gegensätze entstehen durch die Tageszeiten Morgen und Abend sowie die Lebensphasen Jugend und Alter, die Aufbruch und Beharren symbolisieren.

Der Groß-
inquisitor als
Verkörperung des
überlebten
Herrschafts-
systems
V/10: Der Großinquisitor verkörpert als gebrechlicher und blinder Greis, den alle Anwesenden ehrfürchtig begrüßen (vgl. Regieanw. am Ende der vorausgehenden Szene), das alte, religiös begründete Herrschaftssystem, das sich überlebt hat, in seiner rigorosesten Form. Er spitzt den vom König in der vorausgehenden Szene erhobenen Anspruch auf die Macht in extremer Weise zu und steigert ihn dadurch ins Absurde. Anders als sein Vater sucht Philipp Rat bei dem Kardinal, weil er wegen der Ermordung des Marquis, der ihn betrogen habe, keine Ruhe findet (vgl. V. 5146–50). Der Kirchenfürst überrascht ihn mit der lapidaren Feststellung, alles über Posa und sein politisches Handeln zu wissen. Die tadelnde Frage des Königs, warum er nicht unterrichtet

Umfassendes
Wissen und
Vorwürfe des
Kirchenfürsten
worden sei, beantwortet der Kardinal mit heftigen Gegenvorwürfen: Hinter seinem Rücken habe sich Philipp auf einen der schlimmsten

Der Großinquisitor weist den König zurecht (ARD-Verfilmung).

Feinde der Kirche eingelassen, der zur Abschreckung als Ketzer durch die Inquisition verurteilt und hingerichtet werden sollte (vgl. V. 5164–72, 5180–84). Der Greis lässt keinen Einwand des Königs als Entschuldigung gelten: von Gefühlen überwältigt worden zu sein, noch lernen zu müssen, eines Menschen zu bedürfen, und der Rolle des vergöttlichten Herrschers nicht gewachsen zu sein (vgl. V. 5187f., 5192–94, 5224, 5235f.). Stattdessen rügt er ihn streng, eherne Grundsätze verraten, Veränderungen erwogen und die Unterschiede zwischen Monarch und Untertanen verwässert zu haben. Philipp habe sich aus der Vormundschaft der Kirche befreien wollen, die sich aber mit einer milden Strafe begnüge (vgl. V. 5238–42): Sie bestehe in der ausweglosen Situation, in die er sich selbst gebracht habe und in der er sich nur noch an den Großinquisitor wenden konnte. Der König verwahrt sich gegen diesen Ton, muss sich aber vorhalten lassen, das Lebenswerk des Kardinals gefährdet zu haben. Um sich mit ihm zu versöhnen, fügt er sich trotz schwerster Bedenken dessen Forderung, Carlos der Inquisition auszuliefern.

Strenge Zurückweisung von Philipps Einwänden

Versöhnung Philipps mit der Kirche durch Auslieferung des Sohnes

Der Kardinal stellt sich im Rückblick als höchste Machtinstanz im Hintergrund und eigentlicher Gegenspieler Posas heraus. Erst am Ende sind alle Pläne, Vorkehrungen und Maßnahmen der beiden ganz zu überschauen. Der Großinquisitor dominiert den Dialog mit dem König, der sich gegen die Flucht seines Sohnes entscheidet und dadurch dessen Tod mit verschuldet. Philipp unterwirft sich absolut geltenden Glaubensforderungen und handelt gegen sein natürliches Empfinden. Das widerspricht den Forderungen der Aufklärung und der Vernunft ebenso wie der Allmachtsanspruch des gebrechlichen Greises. Mit diesem Widersinn prangert Schiller ein politisches System an, das die Humanität missachtet.

Großinquisitor als eigentlicher Gegenspieler Posas im Hintergrund

Schillers Kritik am politischen System

Schlussszene im Zimmer der Königin:
Carlos als geläuterter Mensch und Thronfolger

In der dritten Abschiedsszene findet sich Carlos in der Nacht bei Elisabeth ein, um von ihr Posas Vermächtnis zu empfangen (vgl. Szene IV/21, V. 4248–4306). Statt ermattender Trauer zu erliegen, ermuntert die Königin den Prinzen, den Opfertod des Freundes durch mutigen Einsatz für politische Veränderungen zu würdigen (vgl. V. 5283–90). Dieses Versprechen, auf das der Infant begeistert eingeht, habe sie dem Marquis gegeben. Außerdem habe er ihr aufgetragen, die aus der Liebe zu ihr hervorgegangene Tugend des künftigen Herrschers zu fördern. Deshalb soll die Sprache ihres Herzens nicht länger schweigen (vgl. V. 5302–09). Carlos jedoch hat die einstige leidenschaftliche Zuneigung überwunden. Das unterstreicht er dadurch, dass er Elisabeths Briefe zurückgibt, sie bittet, seine zu vernichten, und sich von ihr als „Mutter" (V. 5320) verabschiedet. Durch die Ereignisse eines Tages sei er „zum Mann gereift" (V. 5324), der sie als Mitglied des heimlichen Dreierbundes verehrt (vgl. V. 5331–34). Vom Erscheinen des Königs, des Großinquisitors und der Gefolgsleute bereits überschattet, zerschneidet er die natürlichen Bande zu seinem Vater endgültig, um in den Niederlanden für Freiheit zu kämpfen. Elisabeth aber solle als Philipps Gemahlin helfen, den Verlust des Sohnes zu verkraften (vgl. V. 5342–44). Die Königin bewundert diese Haltung von Carlos, der voller Stolz erlebt, dass er sie nicht wie früher begehrt, obwohl er sie küsst und in seinen Armen hält. Er kündigt an, von Gent[1] aus ihr bisher geheimes Bündnis bekannt zu machen (vgl. V. 5361–63). Philipp unterbindet jedoch das Verschwinden des maskierten Infanten und übergibt ihn dem Großinquisitor.

Marginalien:
Ermunterung zum Handeln statt ermattender Trauer

Carlos' Überwindung der einstigen Leidenschaft für Elisabeth

Elisabeths Bewunderung für Carlos

Carlos wird vom König ausgeliefert

---

[1] belgische Hafenstadt, die zur Zeit Philipps zu den spanischen Niederlanden gehörte

Die Wandlung von Carlos zum Erwachsenen

vorher:	durch Posas Tod	nachher:
• Abhängigkeit von Posa • leidenschaftliche Liebe zu Elisabeth • bedingungsloses Begehren der Geliebten • Vernachlässigung von Zielen und Aufgaben • Stimmungsschwankungen • Selbstbezogenheit und Ich-Versunkenheit • zermürbender Vater-Sohn-Konflikt		• Selbstständigkeit • Abschiedskuss und Umarmung ohne erneutes Verlangen nach Elisabeth • Anerkennung der Königin als „Gattin" des Vaters und „Mutter" • begeisterter Einsatz für die Ideale des Freundes • Standhaftigkeit, Beharrlichkeit • Konzentration auf das politische Erbe des Marquis • endgültiger Bruch mit dem Vater

Der letzte Auftritt stellt Carlos und damit noch einmal wie in der ersten Szene die Titelfigur in den Mittelpunkt. Der Prinz hat sich von seiner Fixierung auf eine lähmende Liebe ebenso gelöst wie von seinem Vater und ist ein erwachsener, mündiger Mensch geworden. Trotz der Nacht des Scheiterns weckt das Schauspiel jenseits der Katastrophe große Erwartungen an einen Morgen der Freiheit und Menschlichkeit. Vor allem aber zeigt es die Ursachen, die dem Streben nach Humanität entgegenstehen und die unabhängig von den historischen Umständen bis in die Gegenwart und wohl auch in die Zukunft weiterbestehen.

Der Infant als erwachsener, mündiger Mensch

Hoffnung im Scheitern

Aktualität

Zusammenfassung und Funktion des fünften Akts

Die Katastrophe des fünften Akts beginnt mit der Erschießung Posas und endet mit der Auslieferung von Carlos an
den Großinquisitor durch Philipp. In den Händen des Kardinals erwartet den Thronfolger die Todesstrafe, die der
König hätte verhindern können. Mit dem radikalen und
endgültigen Bruch des Sohns mit dem Vater endet
die Familiengeschichte in einer Tragödie. Der von dem
Marquis betriebene politische Aufbruch scheitert zwar
ebenfalls, ist aber nicht endgültig begraben, weil die Niederländer sich weiterhin für Freiheit, Unabhängigkeit und
Menschenrechte einsetzen. Trotz der im König personi-
fizierten Schwäche des alten Unterdrückungssystems
gewinnt es durch die Härte und die Vorsichtsmaßnahmen
Albas noch einmal die Oberhand.

Hintergründe

Lebensstationen Schillers

Friedrich Schiller kommt am 10. November 1759 in Mar-bach/Neckar als Sohn des Johann Caspar Schiller, Wund-arzt in einem württembergischen Regiment, und seiner Ehefrau Elisabeth Dorothea geb. Kodweiß, der Tochter eines Gastwirtes, zur Welt. Häufige Umzüge führen die Familie 1764 nach Lorch, wo der Junge privaten Lateinun-terricht erhält, und schließlich 1766 nach Ludwigsburg, wo er die Lateinschule besucht. 1773 verlangt Herzog Karl Eugen (1728–1793), dass der begabte Jugendliche in die Stuttgarter Karlsschule eintritt. Dieses militärisch organi-sierte Eliteinstitut in der Nähe des Hofes beaufsichtigte der verschwenderische Fürst selbst, um Beamte und Künstler auszubilden. Von den Eltern getrennt, studiert Schiller zunächst Jura, wechselt dann aber zu Medizin und bekommt nach dem Abschluss 1781 eine allerdings wenig angesehene Stelle als Regimentsarzt. Noch in der Schule schreibt er sein erstes Drama „Die Räuber", das 1782 am Mannheimer Nationaltheater mit großem Erfolg aufge-führt wird.

Herkunft und Jugend

Auf der Karlsschule

Erstes Drama: „Die Räuber"

Angesichts seiner bedrückenden Lebensverhältnisse in Stuttgart und wegen eines vom Herzog gegen den unbot-mäßigen Untertanen Schiller verhängten Schreibverbots flieht er im selben Jahr nach Mannheim. Er hofft, dort mit weiteren Schauspieltexten dringend benötigtes Geld zu verdienen. Da er aber fürchten muss, dass württembergi-sche Spitzel auch in der kurpfälzischen Residenzstadt nach ihm fahnden, verbirgt er sich zwischen Dezember 1782 und Juli 1783 in dem Landhaus von Henriette von Wolzo-gen in dem thüringischen Dorf Bauerbach. Dort entwirft Schiller einen ersten Plan zum Drama „Don Carlos". Zurück in Mannheim, findet er 1783/84 für ein Jahr eine Anstellung

Flucht nach Mannheim

Entstehung des Dramas „Don Carlos"

Friedrich Schiller (Gemälde von Anton Graff, entstanden zwischen 1786 und 1791)

Trauerspiel „Kabale und Liebe"

als Theaterdichter und sein bürgerliches Trauerspiel „Kabale und Liebe" erscheint. Als sich seine Situation erneut verschlechtert, helfen ihm Freunde in Leipzig und Dresden, die ihn zwischen 1785 und 1787 als Gast beherbergen. In diesem Jahr gelingt es ihm nach langwieriger Arbeit, mit dem Schauspiel „Don Carlos" sein erstes Drama in Versen fertigzustellen. Doch nun beschäftigt er sich fast ein Jahrzehnt lang mit historischen und philosophisch-ästhetischen Themen: Er verfasst Werke über „den Abfall[ ] der vereinigten Niederlande von der spanischen Regierung" (1788), dessen Vorbereitung in dem vorausgehenden Schauspiel scheitert, und eine „Geschichte des Dreißigjährigen Kriegs" (1790). Der Dichter wird zum Professor für Geschichte an die Universität Jena berufen (1789), studiert die Philosophie Kants (1791) und schreibt als Dank für finanzielle Unterstützung nach einer schweren Erkrankung 1791 „Briefe über die ästhetische Erziehung des Menschen" an den Prinzen Friedrich Christian von Schleswig-Holstein-Augustenburg (1793). 1790 heiratet er Charlotte von Lengefeld und 1792 verleiht ihm die französische Nationalversammlung das Bürgerrecht, weil er sich in seinen Schriften für Freiheit und Menschenrechte eingesetzt habe. Während Goethe in den Jahren zuvor eher Distanz zu Schiller wahrte, entwickelt sich ab 1794 ein sehr enges Freundschaftsverhältnis. Schiller gibt die Zeitschrift „Die Horen"

Historische, philosophische und ästhetische Studien

Heirat

Freundschaft mit Goethe

heraus, in der u. a. sein Aufsatz „Über naive und sentimentalische Dichtung" (1795) erscheint, und nach dem Balladenjahr 1797 schließt er 1799 wieder ein Drama ab, die Trilogie „Wallenstein". Nach dem Umzug nach Weimar im selben Jahr entstehen bis zum Tod Schillers am 9. Mai 1805 weitere Schauspiele, u. a. „Maria Stuart" (1800), „Die Jungfrau von Orléans" (1801) und „Wilhelm Tell" (1804).

Klassische Dramen

Themen und Konflikte im Drama „Don Carlos"

Das zwei Jahre vor der Französischen Revolution erschienene Drama „Don Carlos" schildert, welche Ideen ihr zugrunde liegen und gegen welche Zustände sie sich wendet. In der historisch 200 Jahre früher angesiedelten Handlung geht es nämlich um den Plan von Posa und Carlos, *„den glücklichsten Zustand [...] der menschlichen Gesellschaft"* hervorzubringen, wie Schiller im 8. Brief über das Drama „Don Carlos" schreibt (S. 281, Z. 34f. im Anhang der Textausgabe). Dieser Zustand beruht auf der **Freiheit** des Menschen, seinem eigenständigen Denken, seiner Selbstbestimmung und seinen angeborenen Rechten, wie sie in der **Aufklärung** gefordert wurden. Insbesondere Rousseau verlangte in seinem Hauptwerk „Du contrat social", dass auch das staatliche Zusammenleben in einem Gesellschaftsvertrag auf dieser Grundlage geregelt sein müsse. Posa erläutert in der Audienzszene III/10, dem Höhepunkt des Schauspiels, was Untertanen und Bürger unterscheidet, und appelliert an Philipp, die Menschenwürde zu achten und sich für politische Veränderungen zu öffnen. Der König scheint sich solchen Gedanken nicht zu verschließen, denn er stattet den Marquis anschließend mit weitgehenden Vorrechten aus. Sie verführen jedoch den Malteserritter, der Carlos von Anfang an für seine

Gesellschaftliches Glück

Achtung der Menschenwürde

Zwecke einspannt, zu eigenmächtigem und spontanem Handeln, in dem er sich verstrickt. Anhand dieser Figur lotet der Dichter, wie in der Epoche der Aufklärung üblich, in Kants Kritiken der reinen und praktischen Vernunft sowie der Urteilskraft zu verfolgen und in Schillers Jugenddramen thematisiert, die **Grenzen der Vernunft** aus. Auch wenn Posas Ausführungen Philipp beeindrucken, überwiegen bei diesem private Interessen und am Ende verschärft er die Gewaltherrschaft noch (vgl. V. 5075–89). Er unterwirft sich sogar dem Großinquisitor und damit der **rigorosen Kirchenmacht**, die in Gestalt des Dominikanermönchs Domingo von Anfang an der eigentliche Gegenspieler Posas und seiner Ideale der Aufklärung ist.

Private Interessen des Herrschers

Die Kirche als Hauptgegner Posas

Obwohl Schiller manche Einsichten dieser Epoche in der Karlsschule kennenlernte, wurzelt sein Freiheitsbedürfnis in den Zwängen dieses Instituts. Die Schüler waren militärischen Regeln unterworfen und mussten Uniform tragen. „[J]ede Eigenheit, jede Ausgelassenheit der tausendfach spielenden Natur ging in dem regelmäßigen Tempo der herrschenden Ordnung verloren", schreibt er in der „Ankündigung der Rheinischen Thalia"[1], einer von ihm gegründeten Zeitschrift, in der er Teile des Dramas „Don Carlos" zuerst veröffentlichte. Und er bezeichnet sich dort als „Weltbürger, der keinem Fürsten dient" – wie Posa (vgl. V. 3022, 3065). Die **strengen, naturwidrigen höfischen Regeln**, die dem Sohn keine private Unterredung mit dem Vater erlauben (vgl. V. 311–314, II/1) und der Mutter verbieten, ihr Kind außerhalb festgelegter Zeiten zu sehen (vgl. V. 462–468), hat Schiller am eigenen Leibe erlebt, denn er durfte seine Eltern nur ganz selten besuchen. Er sammelte in dieser Zeit aber prägende Eindrücke an einem Fürstenhof, weil die Karlsschule eng mit ihm verbunden war und die jungen Menschen sich an Festen, etwa an den Jahrestagen der Akademie

Ursache von Schillers Freiheitsbedürfnis

Stark eingeschränkter/ ganz seltener Kontakt mit den Eltern

Nähe von Karlsschule und herzoglichem Hof

---

[1] Sämtliche Werke. 5. Band., 1991, S. 855

oder den Geburtstagsfeiern des Herzogs und seiner Mätresse, beteiligten. Höfische Zeremonien und Rangordnungen, Gunst oder Ungnade eines absolutistischen Fürsten, vielleicht auch Intrigen in dessen Umfeld, kannte der Dichter des Dramas „Don Carlos" also aus eigener Anschauung.

Der **Konflikt zwischen Vater und Sohn** hat ebenfalls mit der Karlsschule zu tun. Denn Schiller bezeichnet den Herzog als „Vater" und dieser betrachtete die Jugendlichen als seine „Söhne", um deren Erziehung und Ausbildung er sich bis ins Einzelne kümmerte. Wenn der Dichter sich als „Weltbürger" vom Fürstendienst lossagt, vollzieht er den Bruch mit seinem Adoptivvater wie Carlos mit Philipp (vgl. V. 5338–44). Das Zerwürfnis zwischen dem König und seinem Sohn ist besonders tragisch, weil beide nicht nur durch die Abstammung, die Natur, sondern durch ein „heilig Band" (V. 337) aneinander gebunden sind. In der Vorstellung des jungen Schiller vertritt der irdische den göttlichen Vater. Dieser Verpflichtung kommt jener aber nicht nach, weil er zu schwach wie in dem Schauspiel „Die Räuber", durch Geld geblendet wie in dem bürgerlichen Trauerspiel „Kabale und Liebe" oder zu hart ist wie im Drama „Don Carlos" (vgl. V. 306–318). In Letzterem steigert der Dichter den Vater-Sohn-Konflikt noch dadurch, dass beide um dieselbe Frau konkurrieren.

Im Zeitalter der Aufklärung und Empfindsamkeit gewann deshalb neben der biologischen Verwandtschaft eine andere zwischenmenschliche Bindung große Bedeutung und sogar die Oberhand. Sie beruht auf Sympathie, in der die Freiheit einer Person Ausdruck findet, wurde zum Teil wie ein Kult gepflegt und nahm manchmal, auch bei Schiller, religiöse Züge an: die **Freundschaft**. Sie besteht in intensiver Form zwischen Carlos und Posa, wird dort auf harte Proben gestellt und bewährt sich schließlich doch trotz aller Belastungen. Aber auch der König, dem alles zur Verfügung zu stehen scheint, sehnt sich in einer Situation, in der ihm seine ganze

Herzog Karl Eugen als Vater der Karlsschüler

Bruch mit der Vaterwelt

Irdischer und göttlicher Vater

Naturgegebene und freie zwischenmenschliche Bindungen – die Freundschaft

Carlos und Posa – intensive Freundschaft

Bedürfnis des Königs nach einem Freund

Macht nicht mehr hilft, nach einem Freund (vgl. V. 2813). Er glaubt ihn in Posa zu finden, der ihn aber schwer enttäuscht und tief kränkt. Auch in anderen Beziehungen, zwischen Carlos und Lerma (vgl. V. 3565), dem Infanten und Prinzessin Eboli (vgl. V. 3992, 4078f.) sowie dem König und Herzog Alba (vgl. V. 1026), klingt das Freundschaftsthema an. In

Biografischer Hintergrund

Schillers Leben spielten Freunde schon in der Karlsschule eine große Rolle. Aus dieser Zeit stammt sein Gedicht „Die Freundschaft", das sie als Urkraft feiert, die das Weltall hervorbringt und die dem Menschen Lebensmut und Erfüllung bringt. Als er 1785 in Mannheim in eine Lebenskrise geriet, halfen ihm vier Personen aus der Not, unter ihnen Christian Gottfried Körner (1756–1831), zum dem sich eine dauerhafte Freundschaft entwickelte. Damals entstand das berühmte, enthusiastische, von Beethoven (1770–1827) im Schlusssatz der 9. Sinfonie vertonte Gedicht „An die Freude", in dem es heißt: „Wem der große Wurf gelungen,/Eines Freundes Freund zu sein;/[…] Mische seinen Jubel ein!" Später wird die Freundschaft mit Goethe die Klassik als bedeutendste Epoche der deutschen Literatur krönen.

In einem Brief, den Schiller in Bauerbach, als er sich schon mit dem Drama „Don Carlos" beschäftigt, an den mit ihm befreundeten Bibliothekar Reinwald im benachbarten Mei-

Gemeinsame Zielrichtung von Freundschaft und Liebe

ningen schreibt, umreißt er die gemeinsame Zielrichtung von Freundschaft und Liebe in einer rhetorischen Frage: „Und sind nicht alle Erscheinungen der Freundschaft und Liebe – vom sanften Händedruck und Kuss bis zur innigsten Umarmung – so viele Äußerungen eines zur *Vermischung* strebenden Wesens?"[1] In der philosophischen Schrift „Theosophie des Julius" erläutert der junge Dichter genauer, was

Liebe: Fremde und eigene Glückseligkeit

er unter **Liebe**, dem „schönste[n] Phänomen in der beseelten Schöpfung", versteht: „Ich begehre fremde Glückseligkeit, weil ich meine eigne begehre. Begierde nach fremder

---

[1] Sämtliche Werke. 5. Band, S. 1094

Glückseligkeit nennen wir Wohlwollen, Liebe."[1] Diesem Begriff werden die Liebesbeziehungen im Drama „Don Carlos" allerdings nicht gerecht, denn der Infant sucht in seiner Liebe zu Elisabeth ebenso nur die eigene Glückseligkeit wie Prinzessin Eboli in ihrer Neigung zu dem Infanten. Weil die Königin ihre einst vorhandene Gegenliebe unterdrückt, fehlt Carlos alle Antriebskraft, und die Hofdame rächt sich an ihrer vermeintlichen Rivalin. So führt das Drama Deformationen von Liebe vor Augen. Für den Thronfolger und Elisabeth waren die Wege zur eigenen und fremden Glückseligkeit schon gebahnt, doch das Machtwort des Königs setzte sich über die Sprache des Herzens und die natürlichen Empfindungen hinweg.

Deformationen von Liebe

Geheimnisse, Täuschungen und Intrigen, die das Licht scheuen und eine düstere Atmosphäre verbreiten, geben der Handlung entscheidende Impulse. Sie erschweren die **Suche nach der Wahrheit**, der sich die Epoche der Aufklärung verschrieben hat, oder verhindern, dass herauskommt, was tatsächlich geschehen ist. Sogar der mächtige Herrscher, unter dem Einfluss von Alba und Domingo eigentlich ein Gegner dieser geistigen Strömung, verlangt dringend: „Ich brauche Wahrheit", um hinzuzufügen: „[I]hre stille Quelle/Im dunkeln Schutt des Irrtums aufzugraben,/Ist nicht das Los der Könige." (V. 2820 – 22) Posa konfrontiert ihn mit ihr, allerdings im Hinblick auf den Staat und nicht auf die Treue seiner Gattin. Der Marquis wiederum benutzt andere Menschen für seine Zwecke und untergräbt damit ihre Freiheit. So stehen alle Themen des Dramas im Zeichen von Missständen und des Scheiterns, damit die Zuschauer im Umkehrschluss die anzustrebenden Verhältnisse erkennen.

Düstere Atmosphäre und Aufklärung

Missstände und Scheitern im Drama, um anzustrebende Verhältnisse zu erkennen

---

[1] Sämtliche Werke. 5. Band, S. 348

Geschichte und Dichtung

Dem Drama „Don Carlos" liegen Ereignisse aus Spaniens Geschichte zugrunde (vgl. S. 242–249 im Anhang der Textausgabe): Während Philipps Vater, Karl V. (1500–1558), als spanischer König und deutscher Kaiser über ein europaweites Reich herrschte, beschränkte sich das des Sohns (1527–1598) auf Spanien. Zu dem iberischen Königreich gehörten damals auch Burgund und die Niederlande. Philipp begrenzte die Macht des Hochadels und verwaltete den absolutistischen Staat von Madrid aus pflichtbewusst und streng. So entwickelte sich das Land zum Zentrum und Vorbild Europas. Andere Länder wurden dagegen von Glaubenskämpfen zerrissen. Spanien verfügte über ein starkes Heer und eine stolze Flotte, die Armada, die aber 1588 von England besiegt wurde. Das Königreich bezog große Reichtümer aus überseeischen Besitzungen, die seine Seefahrer und Eroberer unterworfen hatten (vgl. V. 860–62, 2515–18).

1543 heiratete Philipp die 15-jährige Maria von Portugal, die schon zwei Jahre später bei der Geburt von Carlos starb (vgl. V. 31–33 und S. 249 im Anhang der Textausgabe). Das Kind war schwer zu erziehen und sah seinen Vater kaum (vgl. V. 311–314), der sich zwischen 1549 und 1559 nicht in Spanien, sondern in anderen Teilen seines Reichs aufhielt. Obwohl sich an seiner Stelle der Großvater um den Infanten kümmerte, zeichnete sich ab, dass dieser als König nicht geeignet war. 1554 ging Philipp in England mit der katholischen Königin Maria I. Tudor eine zweite Ehe ein. Nach Marias Tod folgte ihr die protestantische Elisabeth I. auf dem englischen Thron.

1556 dankte Karl V. ab und übertrug Philipp die spanische Krone. 1557 brach ein Krieg mit Frankreich aus, in dem spanische Truppen in der Schlacht bei St. Quentin siegten (vgl. V. 1274–76 mit Anm. 1). Im Friedensvertrag wurde 1559 die Heirat des spanischen Herrschers mit Elisabeth, der Tochter des französischen Königs, vereinbart.

Marginalien:

Spanien im 16. Jahrhundert

Zentrum und Vorbild Europas

Zwei Ehen Philipps und Sohn Carlos

Weitere Heirat mit der französischen Königstochter Elisabeth

Nachdem Philipp 1559 nach Spanien zurückgekehrt war, wandte er sich zunächst dem Mittelmeerraum zu, um die vordringenden Türken aufzuhalten. Als sie 1565 die Insel Malta belagerten, zwangen sie Truppen aus Spanien und Neapel zum Rückzug (vgl. V. 2899–2919).

In den Niederlanden, in denen Philipp seine Halbschwester Margarete von Parma (vgl. V. 2866 mit Anm. 2) als Regentin eingesetzt hatte, verlangten selbstbewusste Adlige wie Graf Egmont und Wilhelm von Oranien (vgl. V. 3487–90, 4416 f., 4685 f.), die politischen und religiösen Freiheiten zu respektieren. Denn Philipp wollte den katholischen Glauben gegen die Ausbreitung des Protestantismus verteidigen, indem er neue Bischofssitze einrichtete und die Inquisition stärkte. Als 1566 Unruhen ausbrachen, beauftragte der spanische König Herzog Alba, sie mit einem starken Heer und Sondervollmachten gewaltsam zu beenden. Nach der Abdankung der Regentin ernannte ihn Philipp zu deren Nachfolger. Alba ließ die Aufständischen verurteilen und zum Teil hinrichten, unter ihnen Graf Egmont. Wilhelm von Oranien konnte in die deutsche Stadt Dillenburg entkommen und setzte sich 1572 an die Spitze eines neuen Aufstands gegen die Willkürherrschaft des Herzogs.

Spannungen und Aufstände in den Niederlanden

Obwohl Schiller für sein Drama auf einen historischen Stoff zurückgreift, handelt es sich um ein fiktionales Werk. Das zeigt sich schon daran, dass er Ideen des 18. in das 16. Jahrhundert verlegt. Er verfolgt keinen historischen Zweck, nämlich die korrekte Wiedergabe des wirklichen Geschehens, sondern einen poetischen: zu rühren, Mitleid zu erzeugen und zu ergötzen (vgl. S. 274 f.). Das eröffnet dem Dichter Freiheiten im Umgang mit den geschichtlichen Fakten. Schiller stützt sich zunächst auf eine historische Novelle des französischen Abbé de Saint-Réal aus dem Jahr 1672: „Histoire de Dom Carlos, Fils de Philipp II. Roy d'Espagne", also ebenfalls einen poetischen Text (vgl. S. 264 f.). Dieser enthält fast alle in Schillers Drama

Kein historischer, sonder ein poetischer Zweck

Saint-Réals Novelle als Quelle

wichtigen Figuren, die erfundene Liebesgeschichte zwischen Elisabeth und Carlos und die Eifersucht des Königs, der Gattin und Sohn zum Opfer fallen. Saint-Réal schildert die Ereignisse am spanischen Hof aus der Perspektive Frankreichs, des ehemaligen Kriegsgegners, und beschönigt den Infanten und seinen Charakter. Tatsächlich war der Prinz geistig behindert, psychisch instabil, gewalttätig und nicht in der Lage, ein Land zu regieren (vgl. S. 249–253 im Anhang der Textausgab). In Schillers Drama dagegen verschreibt sich Carlos unter Posas Einfluss den Ideen von Freiheit und Humanität, die er als künftiger Herrscher verwirklichen will. Er überwindet die Lethargie, in die ihn sein schwieriges Verhältnis zu seinem Vater, die Liebe zur Königin und das eigenwillige Verhalten des Freundes stürzen, und entwickelt sich dadurch von einem sprunghaften zu einem edlen Charakter.

Beschönigende Darstellung von Carlos

Dem Personen- und Handlungsgerüst Saint-Réals fügt Schiller die Figur Domingos, die Audienzszene III/10, das Gespräch Philipps mit dem Großinquisitor (V/10) sowie die Abschiedsszene zwischen Carlos und Elisabeth (V/11) hinzu (vgl. S. 264). Dadurch erhält das Drama die für seinen Verfasser wesentliche inhaltliche, thematische und emotionale Ausrichtung.

Schillers Ergänzungen

Schiller orientiert sich nicht nur an Saint-Réals Novelle, sondern er studiert auch historische Werke, insbesondere Robert Watsons „The History of the Reign of Philip the Second, King of Spain" von 1777. Dort wird der König nicht als gefühlloser Despot beschrieben, sondern differenzierter und angemessener beurteilt (vgl. S. 265). Schon vorher hat der Dichter erkannt, dass Rührung nur „durch die Situation und den Charakter König Philipps" entstehen könne, auf dem „vielleicht das ganze Gewicht der Tragödie" ruhe (S. 276, Z. 29 im Anhang der Textausgabe). Deshalb ist er in dem Schauspiel nicht 41, sondern 60 Jahre alt (vgl. V. 868, 2038), um die Eifersucht des alten Mannes auf das junge Paar glaubwürdig darzustellen.

Philipp als tragischer Charakter

Entstehung und Rezeption des Dramas

Anfangs sollte das Drama „Don Carlos" „ein Familiengemälde aus einem königlichen Haus" werden, wie Schiller bei der Veröffentlichung des zweiten Akts in der Zeitschrift „Thalia" in einer Fußnote anmerkt.[1] Die hoffnungslose Liebe des Infanten zu seiner Stiefmutter und die Eifersucht des Vaters inspirierten den Dichter vermutlich zu dem Versuch, die in einem bürgerlichen Trauerspiel dargestellten Konflikte und menschlichen Werte in eine Königsfamilie zu verlagern. Diese Gattung war nämlich am Mannheimer Theater sehr beliebt, und der erste Entwurf entsteht 1783 in Bauerbach, als Schiller am Schauspiel „Kabale und Liebe" arbeitet. Darüber hinaus nimmt er sich aber schon in diesem frühen Stadium vor, „in Darstellung der Inquisition die prostituierte Menschheit zu rächen" (Brief an den Bibliothekar Reinwald in Meiningen am 14 April 1783)[2]. Mitte 1784 fasst der Dichter den Entschluss, für das Drama „Don Carlos" erstmals Verse zu verwenden – die im Deutschen sich durchsetzenden Blankverse: fünfhebige Jamben ohne Endreim (vgl. S. 277, Z. 20–35 im Anhang der Textausgabe). Die ersten beiden Akte und einen Teil des dritten veröffentlicht Schiller in vier Heften der „Thalia" zwischen 1785 und Januar 1787. Obwohl er dieses Fragment, um das Drama abzuschließen, stark kürzt, umfasst die ein halbes Jahr später erschienene Buchfassung erheblich mehr Verse als die letzte Überarbeitung. Sie ist in dem Sammelband „Theater von Schiller" von 1805 enthalten und liegt der Textausgabe zugrunde. Der immer noch beträchtliche Umfang verlangt für Aufführungen von Anfang an weitere Kürzungen. Auch die staatliche Zensur erzwingt Änderungen, etwa die Streichung der vorletzten Szene mit dem Großinquisitor oder die Umfunktionierung Domingos vom

Trauerspiel in einer Königsfamilie

Unmenschlichkeit der Inquisition

Schillers erstes Drama in Versen

Überarbeitungen und Kürzungen

---

[1] Sämtliche Werke. 2. Band, S. 224
[2] Schillers Werke. Nationalausgabe. Band 7 II. Weimar: Böhlau 1985, S. 15

Schiller trägt das Drama „Don Carlos" in Anwesenheit des Herzogs Karl August von Sachsen-Weimar vor.

Beichtvater des Königs zum Staatssekretär. Dadurch sollte die Kirche vor Angriffen geschützt werden. Schiller selbst fertigt mehrere Bühnenversionen in Versen und auch in Prosa an. Am 29. August 1787 wurde das Drama in Hamburg mit großem Erfolg uraufgeführt.

Briefe des Dichters über das Drama „Don Carlos" – Reaktion auf Kritik

In den 1788 veröffentlichten „Briefen über Don Carlos" geht der Dichter auf Kritik an dem Drama ein. Es fehle die inhaltliche Einheit und Posa verhalte sich im vierten und fünften Akt nicht so, wie es seine Ideale verlangten. Schiller verweist auf Veränderungen während der langen Entstehungszeit, insbesondere die Verschiebung seines Interesses von Carlos auf Posa (vgl. S. 278 ff. im Anhang der Textausgabe). Damit hängt zusammen, dass sich die Einheit des Schauspiels weder aus der Liebe noch aus der Freundschaft ergebe, sondern aus dem Konflikt des „*enthusiastische[n] Entwurf[s]*" von dem „*glücklichsten Zustand*" der Menschheit mit der Leidenschaft (S. 281, Z. 33–37 im Anhang der Textausgabe). Der Dichter begründet in den Briefen,

Einheit der Handlung

Begründungen für Posas rätselhaftes Verhalten

warum der Marquis seine hohe Stellung beim König dem Freund verschweigt und dadurch unnötige Gefahren verursacht: „[D]er uneigennützigste, reinste und edelste Mensch [ist] aus enthusiastischer Anhänglichkeit an *seine Vorstellung* von Tugend und hervorzubringendem Glück sehr oft ausgesetzt [...], ebenso willkürlich mit den Individuen zu schalten als nur immer der selbstsüchtigste Despot" (S. 284, Z. 12–17 im Anhang der Textausgabe). Und den vermeidbaren Tod Posas erklärt er mit der Aufopferung für eine Idee, die der Marquis mit seinem Leben beglaubige: Der Malteser steigere die „Ehrwürdigkeit" seines Werks, indem ihm, dem Schöpfer, „Rührung und Bewunderung" entgegengebracht würden (S. 286, Z. 32–34 im Anhang der Textausgabe).

Begründung für Posas Tod

Das Drama wurde zu Lebzeiten des Dichters an den meisten großen Bühnen und natürlich auch am Weimarer Hoftheater gespielt, das Goethe leitete. 1866/67 komponierte Giuseppe Verdi (1813–1901) nach Schillers Schauspiel eine Oper in fünf Akten, die er „als den Höhepunkt seiner Laufbahn als Musikdramatiker"[1] betrachtete. Während im 19. Jahrhundert werktreue, historisierende[2] oder romantisierende[3] Inszenierungen des Dramas „Don Carlos" überwogen, erhob danach Max Reinhardt[4] die Bedeutung für die Gegenwart zum leitenden Prinzip. In einer sechsstündigen Aufführung interpretiert er die Lebenswelt am spanischen Hof als Überwachungsstaat[5]. Reinhardt forderte

Verdis Oper

Regietheater um 1900

---

[1] Giuseppe Verdi: Don Carlo/Don Carlos. Textbuch Italienisch/Deutsch. Stuttgart: Reclam 2005, S. 139 (Nachwort)

[2] die historische Zeit der Dramenhandlung in der Ausstattung nachahmende

[3] im Stil der Romantik die Fantasie der Zuschauer anregende

[4] österreichischer Schauspieler und experimentierfreudiger Regisseur (1873–1943)

[5] Vgl. Matthias Luserke-Jaqui (Hrsg.): Schiller-Handbuch. Leben – Werk – Wirkung. Sonderausgabe. Stuttgart: Metzler 2011, S. 585f. Auch einige der folgenden Hinweise gehen auf das Kapitel „Schiller und die Bühne" in diesem Handbuch zurück (S. 582–593).

ein Regietheater, das auf der Bühne die leitende Idee eines Werks umsetzt, wie sie der Regisseur erschlossen hat. So legte Leopold Jessner[1] 1922 auf die politische Seite des Dramas „Don Carlos" und nicht auf die Liebesgeschichten besonderen Wert. Die Nationalsozialisten lehnten diese moderne Form des Theaters aus ideologischen Gründen strikt ab. Unter ihrer Herrschaft stieg aber die Zahl der Aufführungen von Schillers Dramen, weil diese nach Ansicht der Machthaber zeigten, wie sich der Einzelne für die Volksgemeinschaft und ihre Freiheit einsetzt und opfert. Allerdings kam es durch Beifall für Posas Forderung nach Gedankenfreiheit (vgl. V. 3215 f.) auch zu Protest gegen das Regime, das die humane Ausrichtung der Werke Schillers mit Füßen trat.

In der Nachkriegszeit beherrschten geschichtslastige, unpolitische Aufführungen die Bühne, die Auseinandersetzungen mit der Gegenwart und jüngsten Vergangenheit auswichen. Im Unterschied dazu konfrontiert Fritz Kortner[2] 1950 die Zuschauer in seiner Inszenierung des Dramas „Don Carlos" mit Verfolgung und Krieg im „Dritten Reich": Spanien ist ein Gefängniskäfig aus Drahtzaun und Eisen und Alba ein Panzergeneral. 2004 verlegt Andrea Breth[3], eine nach der Jahrtausendwende maßgebliche Regisseurin, am Wiener Burgtheater die Handlung in die Büros eines global agierenden Konzerns. In dieser reglementierten und überwachten Welt muten große Gefühle wie kindische Spiele an (vgl. S. 301 – 309 im Anhang der Textausgabe).

Gewichtung der poetischen Seite

Missbrauch im Nationalsozialismus

Protest gegen das Regime

Inszenierungen in der Nachkriegszeit

Philipps Reich als globaler Konzern

---

[1] deutscher Regisseur und Verfechter des expressionistischen Theaters (1878–1945)

[2] österreichischer Schauspieler und Regisseur (1892–1970), der mit Leopold Jessner zusammenarbeitete

[3] deutsche Theaterregisseurin (geb.1952)

Das Drama „Don Carlos" in der Schule

Der Blick auf die Figuren: Die Personencharakterisierung

Eine literarische Figur charakterisieren – Tipps und Techniken

In einer literarischen Charakterisierung werden die äußeren Merkmale einer Figur beschrieben und ihre Wesenszüge analysiert. Zu berücksichtigen ist dabei, dass sich eine Person möglicherweise verändert und entwickelt. Aufschlussreiche Informationen im Text werden gesammelt, geordnet und ausgewertet. Sie können aus direkten Charakterisierungen der Figur durch sie selbst oder andere bestehen oder aus Beobachtungen und Feststellungen zu ihrem Aussehen, ihrer Einstellung, ihrem Handeln oder ihrer Sprache, aus denen sich die Eigenart indirekt erschließen lässt. Manchmal geben auch die Regieanweisungen Hinweise auf den Charakter einer Figur. Auf dieser Grundlage entsteht eine Interpretation der Figur. Dieser argumentierende Text in der Zeitform des Präsens begründet Behauptungen und Aussagen durch Textstellen oder knappe beschreibende Zusammenfassungen.

Beim Verfassen einer literarischen Charakterisierung können die folgenden Gesichtspunkte und Leitfragen von Bedeutung sein. Es liegt nahe, sich bei der Gliederung an der Reihenfolge der vier Merkmalgruppen zu orientieren.

1. **Personalien, sozialer Status und äußeres Erscheinungsbild**
   - Was erfahren wir über Name, Geschlecht, Alter und Tätigkeit der Figur?
   - Hat sie besondere äußere Merkmale?

- In welchen Verhältnissen und in welchem sozialen Umfeld lebt sie?
- Beeinflusst die Vorgeschichte ihren Charakter?

2. Eigenschaften, Einstellungen und Verhalten

- Gibt es typische Verhaltensweisen oder Gewohnheiten?
- Welche Wesens- und Charakterzüge stechen hervor?
- Welche Umstände prägen das Leben der Figur?
- Wie sieht sie sich selbst?
- Welchen Einstellungen und welchem Weltbild neigt sie zu?
- Verändert sie sich äußerlich oder innerlich?
- Wie nehmen sie andere Figuren wahr?
- In welcher Beziehung steht sie zu ihnen?

3. Sprache und Kommunikation

- Wie lässt sich der Sprachgebrauch (Sprachebene, Sprachstil) der Figur beschreiben?
- Lassen sich Besonderheiten im Satzbau und in der Wortwahl erkennen?
- Was kommt durch nonverbale Kommunikation (Mimik, Gestik, Körperhaltung) zum Ausdruck?
- Wie verhält sich die Figur in Gesprächen und welche Strategien verfolgt sie?

4. Zusammenfassende Einschätzung

- Welche Funktion hat die Figur im Drama?
- Handelt es sich um einen individuellen Charakter oder um einen schematischen Typus mit festgelegten Merkmalen?
- Inwieweit sind die charakterlichen Merkmale gesellschaftlich bedingt?
- Welche Deutung und Einschätzung ergibt sich aus den Erkenntnissen?

Philipp II.

Der 60-jährige (vgl. V. 2038) spanische König ist Sohn des habsburgischen Kaisers Karl V. und in zweiter Ehe mit der erheblich jüngeren Elisabeth von Valois aus dem französischen Herrscherhaus verheiratet. Ihr gemeinsames Kind, die drei Jahre alte Clara Eugenia, kam sieben Monate nach einer schweren Krankheit Philipps zur Welt. Deshalb kursieren im Volk Zweifel an seiner Vaterschaft (vgl. V. 2737–47). Die erste Frau des Monarchen starb bei der Geburt von Carlos. Der König herrscht nicht nur in Spanien, sondern auch über die Niederlande mit Teilen Belgiens sowie außereuropäischen Kolonien (vgl. V. 5036). Er gilt als „[d]er reichste Mann" der christlichen Welt (V. 861). Seine Macht beruht auf dem Hoch- und Hofadel, den Granden, die ihn als Herrscher anerkennen und verteidigen (vgl. V. 4750, 4863f., Regieanw. vor Szene III/7). Der „Thronhimmel" symbolisiert die Königswürde (Regieanw. vor Szene II/1), die ihn über andere Menschen erhebt, ihn mit einer göttlichen Aura versieht und ihm das Recht gibt, die Untertanen nach seinem Willen zu regieren. Dennoch steht ein anderer noch über ihm, der bedingungslose Unterwerfung sogar vom König fordert: der Großinquisitor, der über die katholische Glaubenslehre wacht.

1. Personalien und ihr sozialer Status

Wie von diesem verlangt und aus eigener Überzeugung will Philipp an der inhumanen absoluten Herrschaft nichts ändern. Er setzt sich nach der Reformation für die katholische Konfession ein, indem er mit großer Härte gegen Andersgläubige vorgeht (vgl. V. 892–900). Anerkennung findet nur, wer für ihn in Schlachten zieht (vgl. V. 1071–73, 2880–85). Da sich der Protestantismus insbesondere in den niederländischen Provinzen ausbreitet, die sich deshalb von Spanien lösen wollen, soll Herzog Alba aufflammende Aufstände mit Gewalt beenden.

2. Eigenschaften, Einstellungen und Verhalten

2.1 Hartes Vorgehen gegen Andersgläubige

Nicht nur in seinem Reich, sondern auch in seiner Familie zeigt sich der König streng und hartherzig: Anstatt den Vater zu lieben, hat Carlos, wie er Posa offenbart, Angst vor ihm. Philipp verbrachte keine Zeit mit dem Kind, das ihn nur sah, wenn er ihm Strafen ankündigte oder Todesurteile unterschrieb (vgl. V. 306 – 318). Und die Bitte des erwachsenen Kronprinzen, an Albas Stelle das spanische Heer in die Niederlande zu führen, lehnt er kategorisch ab, weil er ihm die Aufgabe nicht zutraut (vgl. II/2).

Die Unbarmherzigkeit ihres Gatten muss auch die Königin ertragen: Als er sie im Garten von Aranjuez ohne Begleitung ihrer Hofdamen antrifft, verbannt er die verantwortliche Gräfin Mondecar für zehn Jahre aus Madrid (vgl. V. 809 – 827).

Als Grund für diese rigorose Strafe deutet sich die Eifersucht des Monarchen an, denn die Liebe seiner Gemahlin kann er nicht mit Gewalt erzwingen. Sein Misstrauen wurzelt im Altersunterschied des königlichen Paars und in den enttäuschten Hoffnungen seines Sohns und Elisabeths, deren Heirat schon angebahnt war und die sich mochten (vgl. V. 3694 – 3705, 3758 – 68). Die Intrige seines Beichtvaters Domingo (vgl. II/12, III/1) und dessen zweideutigen Hinweise (vgl. V. 2731 – 47) steigern den Argwohn, der in dem Erschrecken gipfelt, Carlos könnte der Vater Clara Eugenias sein (vgl. V. 3658 – 3661). In seiner Verzweiflung verliert er die Fassung und wirft Elisabeth Ehebruch vor (vgl. V. 3779 – 93). Diesen begeht jedoch nicht seine Gattin, sondern er selbst mit Prinzessin Eboli. Der Kämpfer für den Glauben erweist sich als Heuchler.

Als Monarch wie ein Gott verehrt, sieht Philipp privat keinen Ausweg aus dem Wirrwarr der Gefühle (vgl. V. 3109 – 3122). Der seinen Emotionen ausgelieferte Mensch findet keine Unterstützung bei seinen Getreuen.

Auf der Suche nach Wahrheit bleibt der König allein und in dieser Einsamkeit entsteht das Bedürfnis nach einem Freund. Deshalb bittet er Marquis Posa zur Audienz. Wider Erwarten hört sich Philipp dessen Vorstellungen von einem Staat an, der die Rechte und Freiheit seiner Bürger respektiert, obwohl sie dem Menschenbild des Monarchen entgegenstehen (vgl. V. 3293f.).

Posas Schilderungen und Analysen verunsichern ihn (vgl. Regieanw. nach V. 3142) und wühlen ihn auf (vgl. V. 3121f., Regieanw. nach V. 3180), insbesondere dessen Prognose, dass ein Tyrann und sein Werk keinen Bestand haben.

2.5 Verunsicherung und Erschütterung

Um zu beweisen, dass er anders sei, gibt er dem Ritter die Möglichkeit, seine Ideen im Dienst des Königs zu verwirklichen (vgl. V. 3273–78). Überraschend großzügig wie schon gegen den Admiral Medina Sidonia (vgl. III/6,7) und altersweise geht er davon aus, dass sich „Gift" (V. 3267) – gefährliche und verbotene Gedanken – veredeln ließe, und warnt den Marquis vor der Inquisition (vgl. V. 3265–71). Außerdem vertraut er ihm die Klärung der Frage an, ob seine Eifersucht berechtigt ist. Philipp öffnet sich also als Mensch und als Monarch, wird aber gerade dadurch bitter enttäuscht und tief verletzt. Unerfahren im Umgang mit Gefühlen, verlässt er sich zu schnell auf einen Fremden und irrt im Glauben, als Erster von Posas Überzeugungen zu hören (vgl. V. 3257–64).

2.6 Offenheit für Neuerungen und Enttäuschung

Von dem Vertrauten verraten und, so meint er, verachtet, wird er von Emotionen überwältigt und in sein altes Denken zurückgestoßen. Als ihm zudem der Sohn jeden Respekt verweigert und eine Rebellion droht, liefert er sich völlig Alba und dem Großinquisitor aus und übt harte Rache. Nicht einmal seinen Sohn schont er.

2.7 Rückfall in alte Verhaltensmuster

Philipp II. in einer historisierenden Aufführung (Städtische Bühnen Frankfurt): Schauspieler, Ausstattung und Kostüme ahmen das höfische Leben in Spanien um 1570 nach. Links ist der König in seiner ganzen Würde, aber auch mit dem melancholischen Blick eines Mannes in fortgeschrittenem Alter zu sehen, rechts mit dem Ausdruck des Erschreckens.

3. Sprache und Kommunikation

Die Kommunikation mit dem König verläuft weitgehend standesgemäß, nämlich asymmetrisch. Er beginnt, steuert, beendet und unterbricht Gespräche, fragt, lobt, weist an, tadelt und bestraft (vgl. z. B. I/6, III/7). Als Herrscher redet er oft kurz und bündig (vgl. II/2, III/10 bis V. 3252). Seine Emotionen und Ängste in privaten Angelegenheiten oder Empörung über vage Verdächtigungen (vgl. V. 2766–75) suchen dagegen auch ein sprachliches Ventil, gelegentlich indirekt wie in Andeutungen zu Graf Lerma (vgl. V. 2521–32). Was ihn im Innersten bewegt, spricht er in drei Monologen aus (vgl. III/1, 5, IV/7). Manchmal ist es jedoch auch an der Mimik des Schweigenden abzulesen: Wie irritierend Posas Auffassungen auf den König wirken, bringt sein Blick auf den Boden zum Ausdruck, weil er dem des Marquis nicht standhält (vgl. Regieanw. nach V. 3142). Als Elisabeth Philipp mit dem Diebstahl aus ihrer Schatulle konfrontiert, zeigt sich seine Unsicherheit sprachlich in Wiederholungen einzelner Wörter und einem mehrfachen hilflosen, an die Königin gerichteten „Stehn Sie auf" (V. 3677, 3682 f.). Dieselbe Aufforderung richtet er am Ende dieser Szene IV/9 an seine Gattin, nachdem er sie als „Buhlerin" (V. 3793) beschuldigt hat und sie beim Weggehen gestürzt ist.

Vor und nach seiner Ohnmacht redet der König geistesabwesend in Gegensätzen von seinem eigenen Sturz (vgl. V. 4866–78) und über sein Verhältnis zu Posa, den er von den Toten zurückfordert. Dann entschließt er sich in bildreicher Sprache zur Vergeltung (vgl. V. 5076–89).

Tritt Philipp in den beiden ersten Akten als despotischer Herrscher, Gatte und Vater auf, kommen im dritten und vierten Aufzug einerseits seine Verletzbarkeit und Abhängigkeit, andererseits seine Bereitschaft, sich auf Neues einzulassen, zum Vorschein. Das anfängliche Bild des mächtigen Monarchen verwandelt sich in das gegensätzliche eines gedemütigten Menschen. Er rafft sich zwar noch einmal zur Rache an seinen Gegnern auf, fällt dadurch aber hinter Einsichten zurück, die ihm ein Freund nahebrachte und die sich in ihm noch nicht gefestigt hatten. Stattdessen unterwirft er sich den inhumanen Forderungen des Großinquisitors. Darin besteht seine Tragik, die ihn zur zentralen Gestalt des Dramas macht (vgl. S. 276, Z. 27–31 im Anhang der Textausgabe).

4. Zusammenfassende Einschätzung

Elisabeth von Valois

Die spanische Königin, Philipps junge Gemahlin, entstammt dem französischen Herrscherhaus, in dem es viel liberaler zuging als in ihrer jetzigen Umgebung (vgl. V. 842–845). In der „ländliche[n] Natur" (V. 398) von Aranjuez, nicht in Madrid, fühlt sie sich „wie in meiner Welt" (V. 396) und ihrer Heimat nahe (vgl. V. 396–403). Ursprünglich für die Ehe mit Phillips Sohn Carlos vorgesehen, der durch Alter und Einstellung besser zu ihr gepasst hätte und dessen Zuneigung sie erwiderte, beschloss der König, Elisabeth selbst zu heiraten. Bei der ersten Begegnung erschrak sie beim Anblick des alten Mannes (vgl.

1. Personalien und ihr sozialer Status

V. 2634–38), den sie ehrt, aber nicht liebt (vgl. V. 711 f.). Sie steht jedoch zu ihm und erfüllt die ihr auferlegten Pflichten (vgl. V. 719–721). Ihre Hofdamen begleiten und unterhalten sie nicht nur, sondern sollen sie bewachen (vgl. V. 652–655). Sie ist strengen höfischen Regeln unterworfen und Carlos spricht ihr jeden Einfluss als „Regentin" und als „Philipps Frau" ab (V. 691f., 694). In Posas (dem vermeintlichen Vertrauten des Königs) Plänen spielt sie jedoch die entscheidende Rolle.

2. Eigenschaften, Einstellungen und Verhalten

In der freiheitlichen Atmosphäre Frankreichs wuchs Elisabeth zu einem loyalen, selbstbewussten, moralisch sensiblen Menschen heran, der in schwierigen Situationen sicher auftritt und angemessen reagiert. Begeistert und mutig lässt sie sich auf die Aufgabe ein, die ihr Posa in seinen Plänen zugedacht hat, und überwindet ihr erstes Erschrecken (vgl. V. 3479–96). Der Marquis charakterisiert sie im Gegensatz zu der Hofdame Prinzessin Eboli als eine Frau, die unbewusst und ohne an den eigenen Nutzen zu denken „[m]it festem Heldenschritte […]/Die schmale Mittelbahn des *Schicklichen* [wandelt]" (V. 2359f.). Sie stellt sich vor die eine Hofdame und vergibt der anderen, wo ihr Gatte hart bestraft (vgl. V. 813–844). Diesen wiederum verteidigt sie gegen seinen „stolzen Sohn[ ]" (V. 707). Als sie jedoch ihre gestohlenen Habseligkeiten beim König entdeckt und von ihm verdächtigt und beschimpft wird, verwahrt sie sich vehement gegen ungerechtfertigte Beschuldigungen, indem sie das Zusammentreffen mit dem Infanten in Aranjuez aus ihrer Sicht darstellt (vgl. V. 3718–72).

2.1 Posas direkte Charakterisierung: angemessenes Handeln

2.2 Freiheitlich-humane Gesinnung

Mit Posa, den sie von früher kennt (vgl. V. 485–494), verbindet sie die freiheitlich-humane Gesinnung. Auf sein Bitten hin gelingt es ihr, die Liebe von Carlos von ihrer Person auf das Reich und die Freiheit der Niederlande zu lenken. Von Elisabeth soll er hören, was der Marquis vorhat (vgl. V. 2452–61, 3463–68, 4253–4306). Dadurch erhalten seine Ideen, die sie erschrecken und reizen (vgl.

V. 3479f.) und die sie „groß und schön" nennt (V. 3491), Glanz und Würde. Die Königin durchschaut aber auch seine Eitelkeit, in der er sich für den Freund opfert.

Elisabeth interessiert sich für andere Personen und deren Meinungen und respektiert sie, bezieht jedoch ebenso deutlich Stellung, sei es gegenüber ihren Hofdamen (vgl. V. 405–422) oder dem König (vgl. V. 3761–69). In Szene I/5 rügt sie die Zudringlichkeit von Carlos scharf. Und als er sie dessen ungeachtet weiter ohne jede Rücksicht für sich beansprucht, malt sie die Konsequenzen eines Umsturzes aus, durch die er die Aussichtslosigkeit seines Verlangens erkennt. Dann jedoch bedauert sie ihn. Sie verfügt also über die Gabe, in jeder Situation die richtigen Worte zu finden. In der folgenden Szene tröstet sie die Hofdame Mondecar, ohne die durch den König ausgesprochene Verbannung aufzuheben. Diese Reaktion berührt Philipp und veranlasst ihn, sich zu rechtfertigen. Als Elisabeth das ihr entwendete Medaillon des Infanten beim König in den Händen ihrer Tochter wiedererkennt, wehrt sie sich zynisch, indem sie *„[d]ies* Mittel, seiner Gattin Herz zu prüfen,/[...] sehr königlich und edel" nennt (V. 3708f.). Über den unerhörten Vertrauensbruch empört sie sich also mit einem sprachlichen Mittel, das ihr eigentlich fremd ist, jetzt aber angebracht erscheint. Gegen den Vorwurf des Königs, durch das Treffen mit Carlos in Aranjuez seine Ehre verletzt zu haben, verteidigt sie sich mit ihrer eigenen Ehre (vgl. V. 3728–32). Sie habe die Begegnung verschwiegen, weil eine grundlegende Voraussetzung der Kommunikation nicht erfüllt war: „Weil ich/Es nicht gewohnt bin, Sire, in Gegenwart/Der Höflinge, auf Delinquenten Weise/Verhören mich zu lassen. Wahrheit werde/Ich nie verleugnen, wenn mit Ehrerbietung/Und Güte sie gefordert wird" (V. 3733–38). Täuschen lässt sich die Königin nicht, auch nicht durch Posa, dessen hypothetische Begründungen, warum er in der Gunst des Königs stehe, sie sofort entlarvt (vgl. V. 3387–3401).

3. Sprache und Kommunikation

Elisabeth und Philipp sind durch Herkunft, Alter, Einstellung und Kommunikationsverhalten Kontrastfiguren. Die Königin fügt sich zwar dem Schicksal der politisch gewollten Ehe und stellt ihr Leben unter den Leitsatz, den Posa für die Figur Mathilde aus der Mirandola-Erzählung formuliert: „Doch große Seelen dulden still." (V. 613) Die Ideen des Marquis eröffnen ihr aber unerwartete Möglichkeiten, nach eigenen Vorstellungen zu handeln. Schon im ersten Akt steht sie zwischen Posa und Carlos auf der einen Seite und Philipp und seinen Höflingen auf der anderen. Die Notwendigkeit, den Kronprinzen zum Handeln zu bewegen, sowie Eifersucht und Ehebruch des Königs führen schließlich dazu, dass die Königin den Befreiungsplan des Marquis vorbehaltlos unterstützt. Ohne Fehler und Schwächen agiert sie als Idealfigur, die mit sich im Reinen und jeder Situation gewachsen ist. In Posas direkter Charakterisierung (vgl. V. 2355–62) verkörpert sie einen Menschen, in dem Verstand und Gefühl harmonieren und sich somit schon die Epoche der Klassik abzeichnet.

Don Carlos

Der 23-jährige (vgl. V. 973, 1149) Sohn Philipps soll als Thronfolger der nächste spanische König werden, doch sein Vater hält nicht viel von ihm, hegt „schweren Zweifel" (V. 1086f.), vermisst das Glück, das Carlos ihm ausmalt (vgl. V. 1114–30), und schlägt seine Bitte ab, sich als Heerführer zu bewähren. Der Infant leidet unter der Härte seines Vaters und beklagt sein „[f]urchtbares Los" (V. 338), Sohn dieses Menschen zu sein. Er ist in der Hofgesellschaft isoliert und nur mit Posa befreundet, der ebenfalls nicht zu ihr gehört, sich aber selbst so entschieden hat. Der Prinz versuchte schon als Kind, die fehlende Vaterliebe durch die Freundschaft mit dem Marquis zu kompensieren; dieser aber erwiderte die Zuneigung nicht und erwies nur dem Königssohn die Ehre, die ihm gebührt.

Erst als der Kronprinz sich für seinen Spielgefährten bestrafen ließ, gewann er Posa als Freund. Auf der Universität Alcala entwickelten sie gemeinsam Ideen eines freien und menschenfreundlichen Staats, den Carlos als künftiger König schaffen sollte (vgl. V. 169 – 177). Jetzt aber beschäftigt ihn ausschließlich die hoffnungslose Liebe zu Elisabeth, seiner Stiefmutter, die einst an seiner, nicht an Philipps Seite spanische Königin werden sollte. Einen Brief, den sie dem studierenden Prinzen während einer schweren Krankheit schrieb, verwahrt er wie ein Kleinod.

Carlos lebt und handelt gefühlsbestimmt. Emotionen treiben ihn an, berauben ihn jedoch auch seiner Kraft und setzen ihn extremen Schwankungen aus. Liebe, Freundschaft und politische Pläne begeistern ihn, führen aber ebenso zu deprimierenden Enttäuschungen. Gleich die Anfangsszene steht im Zeichen seines „stille[n]/Und feierliche[n] Kummer[s]" (V. 22 f.), über dessen Ursache der gesamte Hof rätselt. Als Posa erscheint, schlägt der Gram des Prinzen in „stürmische[s]/Entzücken" um.

2. Eigenschaften, Einstellungen und Verhalten

2.1 Gefühlsbestimmtes Verhalten

Beim ersten Zusammentreffen im Drama mit seiner Stiefmutter konfrontiert er die konsternierte Königin mit seiner bedingungslosen und gefährlichen Liebe, die sich über alle Regeln hinwegsetzt (vgl. V. 276 – 280). Er verzweifelt über deren Aussichtslosigkeit und verspricht Elisabeth schließlich, „von Empfindung überwältigt": „Ja, alles,/Was Sie verlangen, will ich tun!" (V. 795 f. und Regieanw. davor)

2.2 Bedingungs-, aber hoffnungslose Liebe

Doch schon nach dem ersten Versuch, diesen Vorsatz in der Unterredung mit seinem Vater umzusetzen, resigniert er „in heftiger Bewegung": „Mein Geschäft ist aus." (V. 1236 und Regieanw. danach) Obwohl die Königin dem Infanten alle Hoffnung auf ihre Liebe nahm, lebt sie durch Prinzessin Ebolis Einladung an ihn und den Brief Philipps, in dem er um die Gunst der Prinzessin buhlt und den sie dem Prinzen zeigt, erneut mächtig auf.

2.3 Resignation und Entschlossenheit

2.4 Selbst-bezogenheit

Carlos denkt und verhält sich anfangs egozentrisch und ist nicht in der Lage, Beziehungen und Situationen realistisch einzuschätzen. In seiner Emotionalität unterlaufen ihm Irrtümer und er braucht andere, die den Unselbstständigen leiten wie ein Kind. Dadurch wird er zum Werkzeug in Posas Händen. Obwohl der Marquis den Beweis für Philipps Ehebruch zerreißt (vgl. V. 2390–2403), der die Königin, so glaubt der Prinz, für ihn befreit hätte (vgl. V. 2290), und ihm verschweigt, dass er, Posa, das Vertrauen des Königs genießt, übergibt ihm der Infant seine Brieftasche. Unter Tränen verzichtet er sogar darauf, Elisabeths Brief zu behalten, der ihm so viel bedeutet (vgl. V. 3603–31).

2.5 Leitung durch andere Personen

2.6 Vorbehaltlose Freundschaft

Noch im Gefängnis hält er vorbehaltlos an der Freundschaft mit dem Marquis fest, der ihn verhaftet hat. Er rechtfertigt dessen Handeln damit, dass „diese fürchterliche Liebe" (V. 4511) seine, des Prinzen, jugendlichen Ideale zerstört habe. Doch der Freund legt ihm, kurz bevor er erschossen wird, die Befreiung der Niederlande ans Herz (vgl. V. 4718f.). Mehrfach appelliert er an ihn: „Sei ein Mann." (V. 4606, 4611)

2.7 Läuterung durch Posas Tod

Erst durch den Tod des Freundes wird Carlos erwachsen. Jetzt ist er auf sich allein gestellt, tritt in Szene V/4 als Ankläger gegen seinen Vater auf, nicht als Bittsteller wie in Szene II/2, löst sich endgültig von ihm und hat seine Gefühle im Griff. Er erkennt selbst: „Ein reiner Feuer hat mein Wesen/ Geläutert. Meine Leidenschaft wohnt in den Gräbern/Der Toten. […] Eine kurze Nacht/Hat meiner Jahre trägen Lauf beflügelt,/Frühzeitig mich zum Mann gereift." (V. 5316–24)

3. Sprache und Kommunikation

Zweimal begründet Carlos seine Bitte an Philipp, ihn mit der Führung des in die Niederlande zu entsendenden Heeres zu betrauen, mit dem Satz: „Ich fühle mich." (V. 1104, 1151) Damit beruft er sich auf die Kraft seiner Gefühle, die sich im heftigen Brausen „[i]n meinen Adern" äußert (V. 1149). Sein Vater sieht darin jedoch eine zerstörerische Macht (vgl. V. 1146f.). Das Brausen in den Adern macht auf die einer-

seits bildreiche, andererseits gefühlsbetonte und leidenschaftliche Sprache des Prinzen aufmerksam. So scheine
durch die Begegnung mit Philipp ein „Sonnenstrahl der
Hoffnung" auf und „[d]er ganze Himmel beugt/Mit Scharen
froher Engel sich herunter" (V. 1060–63). Der Infant überhöht so die Zusammenkunft religiös und steigert ihre Bedeutung über die Erde hinaus, während er an anderer Stelle sich
und seinen Vater in die Metapher zweier „feindliche[r]/
Gestirne" kleidete, die sich zerschmettern (V. 341–345).
Carlos spitzt seine Beschreibungen und Einschätzungen
häufig in Kontrasten zu, durch die er außerdem gravierende
Veränderungen veranschaulicht (vgl. V. 169–179). Um
seine Gefühle auszudrücken, sprengt er alle Grenzen: Einerseits erleidet er Qualen der Hölle (vgl. V. 683, 751–753),
andererseits will er einen „Augenblick [...] im Paradiese"
(V. 639) erleben und fühlt sich sogar schon als Gott (vgl.
V. 1296 f.). Tatsächlicher oder erwünschter Nähe sucht er
sich körperlich zu vergewissern. Nach dem Tod des Freundes weist er, zur Besinnung gekommen, den König aber
nicht nur verbal, sondern auch physisch ab: „Dein/Geruch
ist Mord. Ich kann dich nicht umarmen. *(Er stößt ihn zurück.
[...])*" (V. 4741 f. und Regieanw. danach) In der folgenden
Anklagerede „gegen/Den Vater und den König" (V. 4836 f.)
bedient er sich, wie er selbst feststellt, einer ungehörigen
Sprache, bei der die Granden „vor Entsetzen/Und vor
Bewunderung" verstummen (V. 4834 f.). Elisabeth dagegen
kann er in der Schlussszene küssen, ohne in das frühere
Begehren zurückzufallen.

Seinen Gefühlen unterworfen, repräsentiert Carlos die Epoche des Sturm und Drang, über die Schiller in diesem
Drama hinausgeht wie die Titelfigur am Ende mit Elisabeths Hilfe. Die Veränderung des Infanten zeigt sich besonders beim Vergleich der beiden Gespräche mit seinem
Vater (vgl. II/2; V/4) und mit Elisabeth (vgl. I/5; V/11). Er
entfernt sich am weitesten von der Rolle, die Herkunft und

4. Zusammenfas-
sende Einschät-
zung

Gesellschaft dem Königssohn auferlegen, und sucht unter Schmerzen einen Weg, den er als empfindsames Individuum gehen kann. In dem Prinzen kreuzen sich seitenverkehrt zu seinem Vater die Themen und Konflikte des Schauspiels: Vater-Sohn-Verhältnis, Liebe, Freundschaft, Freiheitsbestrebungen, staatliche Überwachung.

Marquis von Posa

1. Personalien und ihr sozialer Status

Der Malteserritter wurde schon als kindlicher Spielgefährte von Carlos umworben, wahrte aber lange Zeit Distanz zu dem Sohn des spanischen Königs. Er studiert mit ihm an der Universität Alcala, wo sie das Ideal eines freiheitlichen Staats entwerfen, der die Menschenrechte achtet und das Wohl aller verfolgt. Schon während des Studiums beteiligt sich der 18-jährige Marquis freiwillig an der Verteidigung Maltas, der Insel seines Ordens, gegen die Türken. Dabei zeichnet er sich ebenso aus wie bei einer Verschwörung gegen den spanischen König, die er aufdeckt (vgl. V. 2899–2924). Obwohl er sich dadurch für höhere Aufgaben empfiehlt (vgl. V. 2841 f.), hält er sich vom Thron fern. Es wird über ihn erzählt, dass er nach Reisen in viele Länder auf seinen Besitzungen ein selbstbestimmtes Leben führen wolle (vgl. V. 512–519). Damit tarnt er jedoch, was er wirklich vorhat. Er schmiedet nämlich Bündnisse für einen Krieg, um die Niederlande von Spanien zu befreien.

2. Eigenschaften, Einstellungen und Verhalten

2.1 Rationalität und Weitblick

An dieser Planung zeigt sich, dass Posa im Gegensatz zu Carlos rational und vorausschauend vorgeht: „Nichts, nichts/Ist übersehen, Kraft und Widerstand/Berechnet" (V. 4997–99), berichtet Herzog Alba, nachdem die Pläne aufgedeckt wurden. In ihnen spielt der Prinz eine zentrale Rolle, die er in dem Zustand, in dem ihn der Marquis anfangs antrifft, nicht ausfüllen kann. Der Ritter merkt schnell, dass er dem Freund helfen und ihn mit Königin Elisabeth zusammenbringen muss.

Posa erläutert dem gefangenen Carlos
sein fragwürdiges Verhalten (Thalia
Theater Hamburg 2011).

2.2 Selbst-
herrlichkeit

2.3 Emotionen
und Vernunft

2.4 Verbreitung
und Verletzung
von Freiheit

Als sich ihm jedoch die Chance bietet, seine Ziele mithilfe des Königs zu erreichen, ändert er seine Strategie, lässt den Infanten darüber aber im Unklaren. Ebenso selbstherrlich wendet er sich von Philipp in einem Moment wieder ab, in dem er in höchster Erregung und damit sich selbst entfremdet Prinzessin Eboli mit dem Tod bedroht: „Da wird es Nacht vor meinen Sinnen!/Nichts – Nichts – Kein Ausweg – Keine Hilfe […] Verzweiflung/Macht mich zur Furie, zum Tier […] Doch jetzt –/Jetzt fällt ein Sonnenstrahl in meine Seele./,Wenn ich den König irrte?'" (V. 4670–76) Die Nacht des von seinen Gefühlen überwältigten Vernunftmenschen weicht der Helligkeit neuer Einsicht. Bedenkenlos setzt er sich über das Vertrauen hinweg, das ihm der König schenkte. Eigenmächtig bestimmt er über andere Menschen, benutzt sie als Mittel für seine Zwecke und verhält sich deshalb wie ein Despot. Er verletzt einerseits deren Freiheit, für die er sich doch andererseits mit allen Kräften einsetzt. Dieser Widerspruch lässt sich dadurch erklären, dass Posa, indem er seine humanen und politischen Ideale zu verwirklichen sucht, die Interessen und Bedürfnisse der Individuen, mit denen er es zu tun hat, außer Acht lässt.

2.5 Distanz zur
Hofgesellschaft

Posa sucht nicht den Glanz und Aufstieg in der Hofgesell-schaft (vgl. V. 2975–81). Sein Ideal der Freiheit des Einzel-nen und im Staat vertritt er vor dem König jedoch engagiert und mutig (vgl. V. 3215–52) und beeindruckt ihn damit. Am Ende bekennt er sich mit seinem Opfertod zu seinen Werten (vgl. S. 284, Z. 35 – S. 286, Z. 8 im Anhang der Textausgabe), wofür ihn Carlos und Elisabeth bewundern (vgl. V. 5294–98).

3. Sprache und
Kommunikation

Posa geht flexibel auf unterschiedliche Kommunikations-situationen ein, ohne seine Absichten aus dem Auge zu verlieren. So gibt er Carlos bei ihrem ersten Zusammentref-fen im Drama in Szene I/2 Raum, über das zu sprechen, was ihn bedrückt: „Jetzt sollen Sie sich öffnen, Prinz. In Worten/Erleichtert sich der schwer beladne Busen." (V. 321 f.) Gleichzeitig will er dadurch aber die Gründe für dessen Verfassung erkunden und herausfinden, was zu tun sei (vgl. V. 359–382). Die anschließende Unterredung des Infanten mit Elisabeth bereitet er geschickt durch eine Erzählung vor, in der die Königin wiedererkennt und mit-fühlt, was sie selbst erlebt hat. Der Marquis bringt sein Selbstverständnis offen zum Ausdruck: Sowohl dem Ange-bot des Freundes, sich zu verbrüdern (vgl. I/9), als auch dem Wunsch des Königs, in seinen Diensten zu stehen (vgl. III/10), begegnet der Marquis zunächst mit Skepsis, weil sich der Stolz des Bürgers mit dem des Fürsten nicht vertrüge (vgl. V. 968 f., 2986–3008, 3022, 3065). Doch von Carlos lässt er sich durch Taten vom Gegenteil über-zeugen (vgl. V. 991) und Philipps Befehl fügt er sich, weil der König „[k]eine Einwendung" zulässt (V. 3300).

Zuvor aber konfrontiert er den König selbstbewusst mit sei-nen bürgerlichen Vorstellungen von Glück, Menschenwürde und Freiheit, die denen eines absoluten Monarchen wider-sprächen und zwangsläufig zu Veränderungen führten. Er erläutert den Zwiespalt zwischen Herrscher und Mensch und wirft Philipp Unterdrückung vor. Sprachliche Bilder, etwa die des Meißels und Künstlers (vgl. V. 3036f.), der Münzen und des Prägestempels (vgl. V. 3055–57, 3063f.), des rollenden Rads (vgl. V. 3166–70) oder des Säens und Pflanzens (V. 3181f.), veranschaulichen die Argumente; Wiederholungen, Gegensätze und rhetorische Fragen (vgl. V. 3022, 3065, 3029–39, 3162–70) sollen ihnen Nachdruck verleihen. Die Wirkung von Posas Rede zeigt sich nicht nur in den Worten des Königs (vgl. V. 3121f.), sondern vor allem in seiner Mimik: Philipp fordert ihn „mit erwartender Miene" (Regieanw. in V. 3021) zu einer Begründung auf, weshalb er sich dem königlichen Dienst entziehe. Und als ihm der Ritter die „verbrannte[n] menschliche[n] Gebeine" in den Niederlanden vorhält, schweigt und den König anschaut, kann Philipp den Blick nicht erwidern, sondern sieht „betroffen und verwirrt zur Erde" (V. 3142 und Regieanw. danach). Da Posas Worte den Monarchen erreichen und aufwühlen, redet der Marquis „schnell" weiter, „tritt einige Schritte näher", spricht „mit Feuer" und richtet „feste und feurige Blicke" auf seinen Zuhörer (Regieanw. vor V. 3162, 3181, 3202 und in V. 3194). Nach seiner Ernennung verschleiert Posa seine wahren Intentionen nicht nur gegenüber Carlos und dem König, sondern zunächst auch gegenüber Elisabeth, die seinen Plan dann doch als Erste erfährt: „Rebellion" (V. 3468). Über das ganze Ausmaß seiner Vorbereitungen informiert er sie aber nicht. Die Verwicklungen, die sich aus dem Schweigen ergeben, führen schließlich zur Tragödie. In den Abschiedsszenen mit der Königin und dem Infanten (vgl. IV/21, V/1,3) erläutert der Marquis in feierlichem, schon vom Tod überschatteten Ton sein Handeln, übt Selbstkritik und kümmert sich um die Rettung seiner Ideen durch Carlos.

Posa vertritt das Menschenbild und die Staatsphilosophie der Aufklärung, mit der Schiller sympathisiert. Er überhöht ihn aber nicht zu einem Ideal, sondern stattet ihn mit fragwürdigen Zügen aus. Schon zwei Jahre vor der

4. Zusammenfassende Einschätzung

Französischen Revolution erkennt der Dichter, dass Freiheitskämpfer und -bewegungen Gefahr laufen, ihre Glücksvorstellungen über die Menschen zu stellen, zu Despoten zu werden und das Gegenteil ihrer Ziele zu erreichen. Indem der Marquis sich gegen den Mord an Prinzessin Eboli und für den eigenen Tod entscheidet, kehrt er auf diesem Weg um. Posa agiert als Freund und als Politiker und verbindet so die private und die staatliche Sphäre, deren Verlagerung durch seine Person besonders deutlich wird.

Prinzessin Eboli

1. Personalien und ihr sozialer Status

Die Hofdame gehört zu den Hofdamen der spanischen Königin, unterhält diese und wacht über sie. Graf Gomez möchte die Prinzessin heiraten und Königin Elisabeth soll diesen Wunsch unterstützen (vgl. V. 434–438). Eboli jedoch wehrt sich dagegen, weil sie Elisabeths Stiefsohn Carlos liebt. Außerdem wirbt der König um sie, denn er will eine Nacht mir ihr verbringen. Dieses Verlangen schürt der Beichtvater Domingo, da er mit Herzog Alba anstrebt, dass Prinzessin Eboli neue Königin wird (vgl. V. 2061–67). Nach dem Ehebruch verbannt Elisabeth ihre Hofdame ins Kloster.

2. Eigenschaften, Einstellungen und Verhalten

2.1 Fixierung auf die Liebe zu Carlos

Die Prinzessin verfolgt keine politischen Ziele, sondern ist ganz von der Liebe zu Carlos erfüllt, um den ihre Gedanken von Anfang an kreisen (vgl. V. 456f.). Diese Gefühle trüben ihren Sinn für die Realität, sodass sie auf die Gegenliebe des Infanten schließt, die nicht vorhanden ist. Sie geht sogar so weit, als Frau die Initiative zu ergreifen und ihn in ihr abgelegenes Zimmer einzuladen.

2.2 Umschlag von Liebe in Hass

Als sich herausstellt, dass die Zuneigung des Prinzen nicht ihr gilt, schlägt Liebe in Hass um (vgl. V. 1867). Sie überlegt, wer ihre Rivalin ist, und gibt sich rachedurstig für Domingos Intrige her. Dabei setzt sie sich über moralische Grundsätze hinweg, die sie kurz vorher noch wortreich vertreten hat (vgl. V. 1767–98). Was sie Elisabeth vorwirft, nämlich „[d]en Götterschein der Tugend schau[zu]tragen" (V. 1939), gilt für sie selbst.

Die beiden Frauenfiguren stellen gegensätzliche Charaktere dar. Das deutet sich schon dadurch an, dass sich die Königin lieber in der „ländliche[n] Natur" (V. 398) aufhält, Eboli dagegen in der Hauptstadt Madrid (vgl. V. 390–392). Posa, Carlos' Freund, stellt die „schwer erkämpfte[ ] Tugend" der Prinzessin (V. 2345), die ihrem Wesen fremd sei, der angeborenen moralischen Vollkommenheit Elisabeths gegenüber, die zu ihrer Person gehöre (vgl. V. 2328–67). Eboli verwende ihre Tugendhaftigkeit nur als Mittel, um den Infanten für sich zu gewinnen. Da dies misslungen sei, stelle sie eine große Gefahr dar (vgl. V. 2323–28). Carlos bleibt jedoch bei seiner falschen Einschätzung und widerspricht heftig: „Sie ist stolz und edel;/Ich kenne sie und fürchte nichts." (V. 2384f.)

2.3 Kontrastfigur zu Elisabeth

Gewissensbisse und Reue überkommen die Prinzessin Eboli, als sie nach der Verhaftung des Prinzen um dessen Leben fürchten muss. Deshalb gesteht sie der Königin ihre doppelte Schuld. Ganz ihren Gefühlen ausgeliefert, ließ sie sich zu Taten hinreißen, für die sie nun büßt.

2.4 Gewissensbisse, Reue und Geständnis

Prinzessin Eboli spricht offen aus, was sie will (vgl. V. 390–392, 448–451, 1278–86, 2099f.). In Szene II/8 muss sie jedoch andere Strategien wählen, um Carlos, der seinen Irrtum erkennt und sich entzieht, an sich zu binden. Sie verwickelt ihn in ein Gespräch über die Liebe, das sie zunehmend auf sich selbst lenkt und durch das sie die Sympathie des Infanten gewinnt. Sie versucht, seine düstere Stimmung aufzuhellen, ruft Begegnungen in Erinnerung, die seine Neigung für die Prinzessin zu belegen scheinen, und richtet einen doppelten Rettungsappell an ihn, dem sie mit gespielter Tugendhaftigkeit Nachdruck verleiht. Sie hebt durch Wiederholung hervor, dass ihre Liebe nur einem Einzigen vorbehalten bleibe, und veranschaulicht diese Aussage durch Bilder aus der Kaufmannswelt und aus der Natur (vgl. V. 1767–98). Schließlich schlägt sie dem Prinzen – im Widerspruch dazu – ein Liebesverhältnis

3. Sprache und Kommunikation

neben seiner späteren Ehe vor. Obwohl Eboli also ihre ganze Redekunst aufbietet, um ihren Willen durchzusetzen, erreicht sie ihr Ziel nicht. Aus Verzweiflung über ihre Fehleinschätzung „schreit [sie] laut und fällt" (Regieanw. nach V. 1856). In dem anschließenden Monolog beginnt die Hofdame mit einem kräftigen „Nein!" (V. 1889) die empfundene Demütigung und Verachtung zu überwinden. Durch den Wechsel von Feststellungen und Fragen gelangt sie zu der Erkenntnis, dass der Thronfolger die Königin liebe. Sie schließt, dass seine Zuneigung erwidert würde, und maßt sich in rhetorischen Fragen das Recht an, diese Doppelmoral zu rächen. Selbstbewusst teilt sie dem überraschten Domingo mit: „Melden Sie/Dem König, dass ich ihn erwarte." (V. 2099f.)

4. Zusammenfassende Einschätzung

Prinzessin Eboli beeinflusst an zwei Stellen die Handlung des Dramas entscheidend: aktiv, indem sie aus enttäuschter Liebe Rache übt, der Eifersucht des Königs neue Nahrung gibt und ihn in Posas Arme treibt; passiv, als der Marquis vor dem Mord an ihr zurückschreckt und ihm ein neuer Plan einfällt, der in die Katastrophe führt. Rache entsteht aus triebhaften Bedürfnissen und widerspricht der Vernunft ebenso wie christlichen Werten. Deshalb bildet Prinzessin Eboli den äußersten Kontrast zu Elisabeth, die von niederen Beweggründen wie Rache völlig frei ist und deren schöne Seele und natürliche Tugendhaftigkeit das in der Epoche der Klassik angestrebte Menschenbild verkörpert.

Herzog Alba

1. Personalien und ihr sozialer Status

Der „Minister" (V. 1016) und „große[ ] General" (V. 1370) hat zahlreiche Siege für den König, für Spanien und für den katholischen Glauben errungen (vgl. V. 1407–29). Deshalb schätzt ihn Philipp außerordentlich, bezeichnet ihn als „Freund" (V. 1026) und beauftragte ihn einst, die künftige Königin Elisabeth nach Madrid zu begleiten (vgl. V. 2635f.). Jetzt soll er an der Spitze eines Heers den niederländischen

Aufstand gewaltsam beenden. Als sich der König aber immer stärker in seine Eifersucht hineinsteigert, zweifelt er an der Treue seines Vertrauten (vgl. V. 2776–85) und entmachtet ihn vorübergehend.

Der Herzog ist sich seiner für die Krone unverzichtbaren Funktion bewusst (vgl. V. 1402–29) und bekennt sich vorbehaltlos zu seiner Aufgabe, die er unerbittlich und konsequent erfüllt: „Solang' ein Herz an diesen Panzer schlägt,/ Mag sich Don Philipp ruhig schlafen legen./Wie Gottes Cherub vor dem Paradies,/Steht Herzog Alba vor dem Thron." (V. 879–882)

Sogar Philipps Sohn Carlos gesteht dem General Größe zu, hält ihm aber auch übertriebene Härte vor (vgl. V. 1437–46) und spricht ihm Menschlichkeit ab (vgl. V. 1177–79). Marquis Posa nennt ihn „[d]es Fanatismus rauer Henkersknecht" (V. 162), weil er sich für eine uneingeschränkte geistliche und weltliche Herrschaft einsetzt, die Freiheit und

2. Eigenschaften, Einstellungen und Verhalten

2.1 Bekenntnis zu seiner Aufgabe

2.2 Größe, Härte, Unmenschlichkeit

Carlos fühlt sich Herzog Alba, der in vielen Schlachten sein Leben für den König aufs Spiel gesetzt hat, überlegen (Grillo-Theater Essen 2008).

Menschenrechte gnadenlos unterdrückt. Als der König den verdienten General aber respektlos wegschickt und den Marquis willkommen heißt, erinnert dieser an die Achtung, die dem Herzog zusteht: „Sire!/Dem alten Manne, der in zwanzig Schlachten/Dem Tod für Sie entgegenging, fällt es/ Doch hart, sich so entfernt zu sehn!" (V. 3819–22)

2.3 Zweideutig-fragwürdiges Reden und Handeln

Trotz seiner Geradlinigkeit und Konsequenz redet und handelt Alba manchmal zweideutig und fragwürdig: So warnt der „[e]rklärte[ ] Feind des Prinzen" (V. 2168) Philipp als Erster vor einem Umsturzversuch des Sohns (vgl. V. 1252–55), obwohl er ihn nicht für gefährlich hält (vgl. V. 2024–28). Seine Besorgnis ist durch Befürchtungen Domingos zu erklären, wie sie der Priester, der die gleichen Ziele wie der Herzog verfolgt, in den Versen 2006–45 erläutert.

2.4 Eintreten für seine Überzeugungen

Der Dominikaner hat wohl auch die gegen Posa gerichtete Intrige, für die beide in Szene IV/14 die Königin gewinnen wollen, ersonnen, denn solche Machtspiele sind nicht Albas Sache. So kommt er dem Verlangen Elisabeths nicht nach, gegen den Marquis auszusagen. In dem nächtlichen Gespräch mit dem König im dritten Akt ist er dagegen zur Anklage gegen die Königin bereit, obwohl ihm die Todesstrafe droht, wenn sich ihre Unschuld herausstellt. Der Priester, an den sich Philipps Aufforderung eigentlich richtet, ignoriert sie jedoch (vgl. V. 2787–98). Der Herzog steht im Gegensatz zu seinem Mitstreiter dazu, was er sagt, gibt Fehler zu und versucht, sich zu korrigieren (vgl. V. 2578–80, 2588–93).

3. Sprache und Kommunikation

Alba passt sein Gesprächsverhalten den Äußerungen und Entscheidungen des Königs an. Seine Zurücksetzung befremdet ihn, aber er begehrt nicht dagegen auf. Die Rückkehr an die Macht feiert er als Sieg, der nicht nur in Worten, sondern in funkelnden Augen, einem triumphierenden Gang und der Umarmung Domingos Ausdruck findet (vgl. Regieanw. in V. 4484). Albas Umgang mit anderen Personen richtet sich nach deren Nähe zum Monarchen: So muntert er Posa in Szene III/8 vor der Audienz bei Philipp auf, beim Zusammentreffen im Gefängnis ignoriert er ihn dagegen. In den Unterredungen mit Domingo sind die Gesprächsanteile des Herzogs geringer, weil der militärische Stratege keine politischen Konzepte oder Intrigen entwirft und eher beobachtet als analysiert. Was er weiß, feststellt oder anordnet, spricht er kurz und bündig aus. Wenn er jedoch seine Funktion beschreibt und hervorhebt, schmücken Gegensätze, Wortspiele, sprachliche Bilder und biblische Motive seine Rede (vgl. V. 879–882, 1402–29).

Alba sichert die innere und äußere Stabilität des alten Systems und ist deshalb der aktive Gegenspieler Posas, der es beseitigen will. Seine Ergebenheit gegenüber dem König erlaubt keine Reflexionen über die Gründe seines Tuns oder gar Zweifel. Diese eindimensionale Ausrichtung kennzeichnet eine Nebenfigur.

4. Zusammenfassende Einschätzung

Graf Lerma

Der Kommandant der königlichen Leibwache steht seinem Herrn äußerlich am nächsten. Er hat direkten Zugang zu ihm und ist Tag und Nacht sein erster Ansprechpartner. Die Nähe zum König beschränkt sich aber weitgehend darauf, dessen Aufträge auszuführen oder Besucher anzukündigen (vgl. IV/8). Ratschlägen des Grafen folgt König Philipp nicht (vgl. V. 882–891, 2494–2504); stattdessen projiziert er seine Ängste auf den Oberst (vgl. V. 2520–32).

1. Personalien und ihr sozialer Status

Obwohl Lerma dem König als Vertrauter loyal zur Seite steht und um dessen Wohlbefinden besorgt ist (vgl. V. 2494–2501), wahrt er innerlich Distanz zu den Auffassungen und der strengen Herrschaft des Königs. Insbesondere widerspricht er ihm bei der Beurteilung von dessen Sohn Carlos (vgl. V. 882–888). Er argumentiert aber nicht nur unabhängig, sondern handelt auch eigenständig, indem er den Infanten zweimal über merkwürdige Wahrnehmungen informiert. Er möchte ihm helfen und auf

2. Eigenschaften, Einstellungen und Verhalten

2.1 Unabhängiges Denken und eigenständiges Handeln

gefährliche Entwicklungen aufmerksam machen. Der Prinz schätzt ihn deshalb einerseits als „edle[n], würd'ge[n] Mann" und „Freund" (V. 3564f.), andererseits will er nicht wahrhaben, was ihm Lerma über die seinem Freund Posa überlassene Brieftasche berichtet, die sich in den Händen

2.2 Großherzigkeit und Mitempfinden des Königs befinde. Großherzig verzeiht der Graf dem Infanten jedoch, dass dieser ihn in seinem Schmerz, eine provozierende irreale Folgerung aufgreifend, tatsächlich als „Betrüger" bezeichnet (V. 3938–54). Lerma empfindet sogar Mitleid für den Thronfolger (vgl. Regieanw. nach V. 3980). Von Anfang an gilt sein Wohlwollen nicht nur dem Vater, sondern auch dem Sohn. Seine Sympathie für Carlos und Posas Opfertod für den Freund rühren ihn so sehr (vgl. V. 4933–36), dass er sich schließlich von Philipp lossagt.

2.3 Eintreten für das Ideal eines tugendhaften Herrschers Der Graf will mit Warnungen, Informationen und Pistolen zur Rettung des Prinzen beitragen und huldigt ihm als künftigem König (vgl. V/7). Wenn er den Infanten auffordert, ein friedlicher und tugendhafter Herrscher zu sein und nicht mit Gewalt gegen seinen Vater vorzugehen, legt er ihm eigene Überzeugungen ans Herz, denen er unter widrigen Umständen treu geblieben ist.

3. Sprache und Kommunikation Dem König und Carlos bringt Lerma jederzeit die gebotene Ergebenheit entgegen, auch wenn Philipp die Verehrungsformeln schroff zurückweist (vgl. V. 2513–18) und der Infant ihm nicht glaubt (vgl. V. 3947–49). Eigene Gedanken oder Widerspruch leitet er bei seinem Herrn mit der devoten Frageformel „Darf ich es wagen?" ein (vgl. V. 882–884, 2496). Dass ein König weint, kann er nicht fassen, weshalb er den Gefühlsausbuch „[t]eufelisch" nennt (V. 4465) – im Gegensatz zu Carlos, für den Tränen ein Beweis von Menschlichkeit sind (vgl. V. 1079f.). In der Huldigungsszene V/7 bringt er, was sofort und später als Herrscher zu tun ist, in zahlreichen Imperativsätzen zum Ausdruck (vgl. V. 4945–50, 4954f.). Voller Emotionen spricht er von „[s]chönre[n] Zeiten" (V. 4939) in der Zukunft, die er nicht mehr erlebt, und bittet für den Prinzen um himmlisches Geleit. Wenn er ihn am Schluss vor Gewalt gegen Philipp warnt, versucht er, das Verhältnis zwischen Vater und Sohn zu entkrampfen, wie mit seinen ersten Worten, die den König von einer ungerechten Beurteilung des Kronprinzen abhalten wollen (vgl. V. 882–888, 4949–54).

Der redliche Lerma beteiligt sich nicht an den Ränkespielen um Macht und Einfluss, versucht, die Kluft zwischen König und Infant zu überbrücken, und hält an seinen Idealen fest. Falls nötig, unterstützt er denjenigen, der sich bemüht, diese umzusetzen. Anders als Posa benutzt der Graf nicht andere Menschen für seine Zwecke. Deshalb ist die Figur ein Sympathieträger. In den beiden Szenen IV/22 und 23, die auf die Mitteilung über den weinenden König zulaufen, vermittelt Lerma in seiner Funktion zwischen dem Geschehen vor und hinter der Tür als Bote.

4. Zusammenfassende Einschätzung

Domingo

Der Dominikanermönch (vgl. V. 2074) und Beichtvater König Philipps verfügt zwar über keine weltliche, aber große geistliche Macht, der sich der König fügen muss. Er kann nämlich „meinen Vater seligsprechen und/Verdammen", so Philipps Sohn Carlos (V. 85f.). Die Verbundenheit mit Herzog Alba sichert ihm darüber hinaus erheblichen Einfluss jenseits der kirchlichen Sphäre. Er erwartet, zum Kardinal ernannt und vielleicht zum Papst gewählt zu werden (vgl. V. 79–82, 102–104). In der Eingangsszene versucht Domingo, das merkwürdige Schweigen des Prinzen zu ergründen und zu beenden, ob aus eigenem Antrieb, im Auftrag des Königs (vgl. V. 105–115) oder im Dienst des Großinquisitors, bleibt offen. Domingo setzt sich mit Alba für das vom Glauben dominierte autoritäre Herrschaftssystem ein und will es erhalten. Im Unterschied zu dem Herzog denkt er jedoch langfristig und erkennt Gefahren für ihr Regime, wenn Carlos als künftiger Herrscher und die Königin Elisabeth die Monarchie reformieren und Menschen- und Freiheitsrechte gewähren (vgl. V. 2014–45).

1. Personalien und ihr, sozialer Status

2. Eigenschaften, Einstellungen und Verhalten

2.1 Vertreter des alten, autoritären Herrschaftssystems

2.2 Skrupellosigkeit in der Wahl der Mittel

Um solche Neuerungen zu verhindern, greift der Priester zu Mitteln, die ihm sein Glaube eigentlich verbietet. So schürt er den Verdacht des Königs, dass seine Gemahlin ihn mit dem Thronfolger betrügt (vgl. V. 2047–50), und befeuert die Neigung Philipps für Prinzessin Eboli, die in dem „großen Plan[ ]" des Mönchs als zukünftige Königin vorgesehen ist (V. 2057–67). Er fördert also Ehebruch und verstößt damit gegen das sechste Gebot (der Bibel). Außerdem verstärkt er Marquis die Ängste und Sorgen seines Herrn dadurch, dass er in zweideutiger Weise Gerüchte im Volk anspricht, die Philipp als Vater seiner Tochter infrage stellen (vgl. V. 2737–41).

2.3 Opportunistisch, intrigant, prinzipienlos, ehrgeizig

Nachdem sein Plan gescheitert ist, versucht sich Domingo zusammen mit Alba bei Königin Elisabeth, die sie entmachten wollten, anzudienen, indem er Marquis Posa mit dem Diebstahl aus ihrer Schatulle in Verbindung bringt (vgl. V. 4022–33). Wen Domingo als Freund oder als Feind betrachtet, richtet sich nach den jeweiligen Umständen (vgl. V. 4034–37). Der Priester ist also opportunistisch, intrigant und prinzipienlos und zudem scheint er von Ehrgeiz getrieben, wie sich aus den Andeutungen von Carlos ergibt (vgl. V. 79–82, 102–104).

3. Sprache und Kommunikation

Domingo verwendet Argumente nicht, weil er von ihnen überzeugt ist, sondern weil er sich einen Nutzen von ihnen verspricht, mögen sie auch zynisch sein oder seiner Religion widersprechen. Braucht er sie nicht mehr, rückt er von ihnen ab. So versuchte er, Prinzessin Eboli mit der Begründung für den König zu gewinnen, „[d]ass Fälle möglich wären, wo die Kirche/Sogar die *Körper* ihrer jungen Töchter /Für höhre Zwecke zu gebrauchen wüsste" (V. 2115–17). Nach der überraschenden Zusage der Hofdame nimmt er dieses Argument „[s]ehr gerne" zurück, weil es überflüssig geworden ist (V. 2119). Auch seine Einschätzung Elisabeths wechselt von einem Extrem ins andere, wenn es Situation, Person und eigener Zweck verlangen: Bei Alba fürchtet er „diese[ ] stille[ ] Feindin" und ihre „ganze Rache" (V. 2043 f.), bei Carlos dagegen spricht er von der in Spanien überall vergötterten Königin (vgl. V. 41 f.), um etwas über dessen Beziehung zu ihr zu erfahren. Mit Gegensätzen, rhetorischen Fragen, Superlativen, Einwort-Ausrufesätzen und der Sentenz „Wo alles liebt, kann Karl allein nicht hassen" (V. 48) treibt er dafür einen gewaltigen rednerischen Aufwand. In Szene III/4 steigert er die Unruhe und Eifersucht des übermüdeten Königs dadurch, dass er nicht wie Alba kurz zuvor Tatsachen berichtet, sondern im Volk kursierende Gerüchte wiedergibt. Er weist sie zwar als Irrtümer und Lügen zurück, vergrößert aber dennoch Philipps Misstrauen gegen seine Frau, was der Mönch beabsichtigt (vgl. V. 2712 – 41). Domingo berechnet die Wirkung seiner Worte genau, passt sie seinen Interessen an und benutzt Sprache als Mittel für seine Strategien und Intrigen. Um Wahrheit geht es ihm so wenig (vgl. V. 4479 – 82) wie um ein Handeln, das christlichen Werten folgt.

Domingo ist der Bösewicht und damit die Gegenfigur zu Lerma. Indem er die Intrige gegen Elisabeth und Carlos spinnt, ignoriert er die Inhalte seines Glaubens und bringt seine Religion insgesamt in Verruf. An ihm ist die dunkle Seite von Philipps Herrschaftssystem jenseits von Prunk und Reichtum zu sehen. Gegen seinen Willen bringt er so den König dazu, sich Posa anzuvertrauen, und beschwört dadurch indirekt die Katastrophe herauf. Sie bahnt sich in der zweiten Hälfte des Dramas ironischerweise ohne weiteres Zutun des Priesters an.

4. Zusammenfassende Einschätzung

Großinquisitor

Der oberste Glaubenswächter im Rang eines Kardinals (vgl. V. 5094) ist ein 90-jähriger, gebrechlicher und blinder Greis, der sich auf einen Stab stützen und geführt werden muss (vgl. Regieanw. am Ende von Szene V/9). Die körperliche Schwäche steht im Gegensatz zu seiner großen

1. Personalien und ihr sozialer Status

Macht, denn er setzt Spaniens Könige ein (vgl. V. 5251 f.) und lehrt sie das Regieren (vgl. V. 5226 – 28). Er leitet eine mächtige Behörde, die ihm alles zuträgt (vgl. V. 5155 – 57), „alle Granden [werfen sich] vor ihm nieder" (Regieanw. am Ende von Szene V/9) und „Philipp der Infant/Holt Rat bei seinem Lehrer" (V. 5146 f.). Der König unterwirft sich dem Urteil eines Vormunds, der im Geheimen wirkt. Ein solches Verhältnis widerspricht allem, was in der Epoche der Aufklärung vertreten wurde.

2. Eigenschaften, Einstellungen und Verhalten

2.1 Blindheit

Dass der Großinquisitor ein Gegner dieser Epoche ist, unterstreicht symbolisch seine Blindheit. Sie verschließt ihm den wichtigsten sinnlichen Zugang zur Welt und zu den Menschen. „Wozu Menschen?" (V. 5225), fragt er Philipp, als dieser sich nach einem sehnt, einem Freund. Abfällig schreibt er ihnen den Stellenwert zu, den sie bei einem Monarchen und damit auch bei dem Glaubenswächter haben: „Menschen sind/Für Sie nur Zahlen, weiter nichts." (V. 5225 f.)

2.2 Unerbittliche Verteidigung der katholischen Lehre

Der Kardinal verlangt, dass der spanische König auf der Grundlage der katholischen Lehre regiert und diese gegen Andersgläubige und „Weltverbessrer" (V. 5217) gewaltsam verteidigt. Unbeirrt hält er an seinen Überzeugungen fest und lehnt andere Auffassungen oder neue Ideen strikt ab. Wer sie vertritt, wird gnadenlos mit dem Tod bestraft. Marquis Posa wollte der Kardinal, so sein „überlegter Plan" (V. 5184), am Ende der „Arbeit vieler Jahre" (V. 5185) als abschreckendes Beispiel verurteilen und hinrichten lassen.

2.3 Bekämpfung der Aufklärung

Das Blut des Marquis sollte zur Ehre der Kirche „glorreich fließen" (V. 5176) und „[d]ie prahlende Vernunft zur Schau" gestellt werden (V. 5183). Der Greis bekämpft die Aufklärung, die Freiheit fordert und Glaubenssätze infrage stellt. Leidenschaft, Sehnsucht nach einem Menschen und Mitgefühl gesteht er einem Monarchen nicht zu. Er tadelt Philipp streng, sich „[m]it unsern schlimmsten Feinden" eingelassen (V. 5171), den Gegner vorschnell ermordet (vgl. V. 5175–87) und „[e]in fest gegründet Werk" (V. 5253), „meines Lebens Frucht" (V. 5254), erschüttert zu haben. Schließlich besteht er sogar darauf, ihm den Sohn, der gegen dieses Werk rebelliert, auszuliefern, die Todesstrafe über ihn zu verhängen und sich über väterliche Empfindungen, die „Stimme der Natur" (V. 5275), hinwegzusetzen. Einwände entkräftet er mit dem Vorbild von Christi Opfertod (vgl. V. 5269f.). Gottes Güte und christliche Barmherzigkeit haben im Denken des Großinquisitors keinen Platz. Unmenschlich und hart verkörpert er Vorstellungen, die Posas Ideen von einem künftigen Staat entgegengesetzt sind.

2.4 Unmenschlichkeit und Unbarmherzigkeit

Der umständlich-altertümliche Satz „Ich war mir's nicht mehr/Vermutend" (V. 5144f.), mit dem der Kardinal darauf reagiert, vor dem König zu stehen, bringt zum Ausdruck, dass sich die Person, ihr Amt und ihr Herrschaftssystem überlebt haben. Dennoch nimmt der Kirchenfürst in dem Gespräch mit Philipp in der vorletzten Szene die überlegene Position ein, beherrscht es mit seinen Ansichten und bringt den Monarchen dazu, seine Forderung zu erfüllen (vgl. V. 5280f.). Schon gleich zu Beginn missbilligt der alte Mann, dass der König Rat bei Posa sucht. Dessen Befremden, vor Posa nicht gewarnt worden zu sein, erwidert er mit dem Anspruch, dass der König bei ihm, dem Großinquisitor, hätte nachfragen müssen (vgl. V. 5161–65). In Folgen von rhetorischen Fragen rügt er den Regenten scharf und weist dessen Einwände zweimal mit einem schneidenden „Nein!" zurück (V. 5174, 5237). Als Philipp sich überwindet, seinen Sohn zu opfern, zeigt der Kirchenmann keine seelische Regung.

3. Sprache und Kommunikation

4. Zusammenfas-
sende Einschät-
zung

Mit den inhumanen und weltfremden Argumenten des greisen Kardinals greift Schiller die Inquisition und den umfassenden Herrschaftsanspruch der Kirche als Feinde der Epoche der Aufklärung an. Ohne Blick für menschliche Regungen, herzlos und eigensinnig, verlangt der Großinquisitor vom König strengen Gehorsam nicht nur in geistlichen, sondern auch in weltlichen und sogar in familiären Angelegenheiten. Diesem absoluten Machtanspruch hat Philipp nichts entgegenzusetzen. Dramentechnisch genial platziert Schiller den Angriff auf das Oberhaupt der verachteten Inquisition am Schluss des Schauspiels. Dadurch erscheint nicht nur die gesamte vorausgehende Handlung in neuem Licht, weil der Kardinal von Anfang an alles weiß, sondern der Auftritt prägt sich auch nachhaltig in die Erinnerung der Zuschauer ein.

Der Blick auf den Text: Die Szenenanalyse

Eine Szene analysieren – Tipps und Techniken

Für die Analyse (Beschreibung und Deutung) von Einzelszenen stehen grundsätzlich zwei verschiedene Methoden zur Auswahl: die Linearanalyse und die aspektgeleitete Analyse.

In der **Linearanalyse** werden die einzelnen Abschnitte des Textauszugs ihrer Reihenfolge nach analysiert. Dies führt in der Regel zu genauen und detaillierten Ergebnissen. Allerdings besteht die Gefahr, dass die übergeordneten Deutungsschwerpunkte aus dem Blick geraten.

In der **aspektgeleiteten Analyse** werden die Deutungsschwerpunkte von vornherein festgelegt. Daraus ergibt sich normalerweise eine problemorientierte und zielgerichtete Vorgehensweise. Die Deutungsaspekte, die nicht im Fokus des Interesses stehen, werden jedoch vernachlässigt.

Aufbauschema

1. Einleitung
- Autor, Titel, Gattung, Erscheinungsjahr, Entstehungszeit des Werks
- Thema, kurze Inhaltsangabe

2. Einordnung des Textauszugs in die Dramenhandlung
- Was geschieht vorher, was nachher?

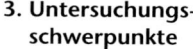

Linearanalyse *aspektgeleitete Analyse*

3. Inhaltlicher Aufbau
- Auflistung der Textabschnitte/ Textgliederung

3. Untersuchungs- schwerpunkte
- Auflistung der ausgewählten Untersuchungsaspekte

4. Beschreibung und Deutung der aufgelis- teten Textabschnitte
- Aussagen zum Inhalt des Abschnitts
- Aussagen zur Deutung, Einbettung in den Zusammen- hang des Dramas
- Einbezug der sprachlichen Gestaltung
- Überleitung zum nächsten Textab- schnitt

4. Beschreibung und Deutung der ausgewählten und aufgelisteten Unter- suchungsaspekte
- Benennen des jeweiligen Aspekts
- Aussagen zur Deutung, Einbettung in den Zusammen- hang des Dramas
- Einbezug der sprachlichen Gestaltung

5. Schluss
- Zusammenfassung der Ergebnisse
- Einordnung in einen größeren Deutungszusammenhang
- Bewertung

Zu beiden Analysemethoden präsentieren die folgenden Seiten je einen Lösungsvorschlag.

Übungsmöglichkeit:
Erarbeiten Sie zunächst jeweils eine eigene Lösung der beiden Aufgaben und vergleichen Sie diese dann mit den vorliegenden Beispielen. Stellen Sie fest, wodurch sich beide Versionen unterscheiden. Beurteilen Sie, welche Fassung Ihnen schlüssiger erscheint. Untersuchen Sie, welche zusätzlichen Anregungen und Einsichten Sie aus den Beispieltexten gewinnen können.

Beispiel einer Linearanalyse

Aufgabe: Analysieren (beschreiben und deuten) Sie den 6. Auftritt im 1. Akt unter inhaltlichen und sprachlichen Gesichtspunkten.

Friedrich Schillers Drama „Don Carlos" spielt in der zweiten Hälfte des 16. Jahrhunderts am Hof des spanischen Königs Philipp II. Neben familiären Konflikten um Liebe, Eifersucht und eine schwierige Vater-Sohn-Beziehung thematisiert das Schauspiel die Auseinandersetzungen zwischen einer autoritären, von der Kirche geprägten Monarchie und den Ideen der – viel später – Epoche des Aufklärung, wie Menschen im Staat zusammenleben sollten. Marquis von Posa, ein Angehöriger des Hochadels, versucht, mithilfe des Thronfolgers Don Carlos die Unterdrückung in den damals zu Spanien gehörenden Niederlanden zu beenden, stößt dabei aber auf unerwartete Widerstände. Noch mehr überrascht es ihn, dass ihn der König ins Vertrauen zieht und mit großer Macht ausstattet. Sein eigenmächtiges Handeln führt jedoch in die Katastrophe. — *Einleitung*

In der Szene I/6 trifft der Herrscher mit seinem Gefolge im Garten der königlichen Sommerresidenz Aranjuez auf seine Gattin Elisabeth und ihre Hofdamen. Voraus gingen — *Einordnung des Textauszugs in die Dramenhandlung*

Unterhaltungen der Königin mit dem Marquis und dem Infanten, von denen der eifersüchtige und strenge Philipp jedoch nichts erfahren soll. Elisabeth war es in dem Gespräch mit Carlos gelungen, den Prinzen aus seiner Lethargie zu reißen. Sie konnte ihn dazu bewegen, bei seinem Vater um das Kommando über das Heer, das in die Niederlande entsandt wird, zu bitten. Das lehnt Philipp aber entschieden ab.

Inhaltlicher Aufbau

Der Auftritt lässt sich in fünf Abschnitte einteilen, die sich durch den Inhalt und die Sprecher/-innen unterscheiden. Zu Beginn verhört der König seine Gattin und ihre Hofdamen wegen der abwesenden Begleitung. Er bestraft die verantwortliche Gräfin Mondecar mit zehnjähriger Verbannung aus Madrid (vgl. V. 809–27). Im zweiten Abschnitt übt die Königin Kritik an dem harten Urteil, indem sie das Misstrauen Philipps tadelt, sich vor ihre Dame stellt und ihr vergibt (vgl. V. 828–846). Das veranlasst den Monarchen im dritten Teil, die Ängste um seine Gattin zu begründen (vgl. V. 846–870). Dann kommt er auf ein weiteres privates Problem zu sprechen, den Infanten, dessen Verhalten ihm Sorgen bereitet (vgl. V. 870–891). Schließlich verkündet er im fünften Abschnitt seine Absicht, in Madrid eine feierliche Hinrichtung von Ketzern zu veranstalten (vgl. V. 891–900).

1. Abschnitt: Verhör und Urteil des Königs

Das ängstliche Durcheinander, das Posas Ruf „Der König!" (V. 802) am Schluss der vorausgehenden Szene ausgelöst hat, endet mit dem Erscheinen des schweigend und befremdet umherblickenden Herrschers, wodurch ein harter Bruch entsteht. Ohne Gruß oder irgendein freundliches Wort beginnt er mit drei kurzen Ausrufe- und zwei längeren Fragesätzen, die sich über jeweils einen Vers erstrecken, zu reden: Er bringt seine Verwunderung zum Ausdruck, die Gemahlin allein anzutreffen. Schon diese ersten Äußerungen offenbaren das Misstrauen gegen Elisabeth ungehemmt. In einem strengen Verhör befragt er die Königin nach dem Grund des Regelverstoßes und sucht den Schuldigen. Ein Besänftigungsversuch, den die Gattin mit der Demutsformel „Mein gnädigster Gemahl –" (V. 812) einleitet und den Philipp barsch unterbricht, scheitert ebenso wie das eigene Schuldeingeständnis (vgl. V. 818f.). Als Gräfin Mondecar ihren Fehler zugibt, bestraft sie der König gnadenlos und unverhältnismäßig hart (vgl. V. 824–827). Er bestätigt damit das Bild, das sein Sohn Carlos in Szene I/2 von seinem Vater zeichnet (vgl. V. 302–320). In erschrockenem Schweigen schauen alle voller Spannung auf die Königin, wie sie reagiert (vgl. Regieanw. nach V. 827).

Noch bevor sich Elisabeth an den König wendet, fragt sie Mondecar, wen sie beweine. Damit will sie der Hofdame zu der Erkenntnis verhelfen, dass ihr Schmerz eigentlich grundlos ist, denn sie muss nun nicht mehr die Einhaltung rigoroser und damit unmenschlicher Vorschriften überwachen. Erst danach verlangt sie von ihrem Gemahl, ihre Würde als Königin zu achten, indem er ihr das Erröten erspart (vgl. V. 828–32). In rhetorischen Fragen (vgl. V. 833–836) erinnert sie daran, dass sie als Monarchentochter nicht vor Gericht angeklagt werden könne. Auf ihre Tugend sei mehr Verlass als auf Regelzwang und Überwachung. Selbstbewusst vergibt sie der treuen Dienerin den Fehler und schenkt ihr zur Erinnerung den eigenen Gürtel (vgl. V. 837–842). Mit ihrer Güte stellt sie sich vor ihre Oberhofmeisterin und Philipps Zorn entgegen. Über die individuelle Kontroverse hinaus ruft der Vorfall in Elisabeth den Unterschied zwischen der spanischen Strenge und der französischen Liberalität wach, die sie in ihrem Heimatland gewohnt war (vgl. V. 843–846). Das Weinen der Mondecar, auf das die Königin zuerst eingeht, setzt sich im Tränenmotiv fort, dem sie jedoch die Freude des vergangenen Dienens und des baldigen Abwischens der Tränen in Frankreich entgegenhält (vgl. V. 838f., 844f.). Mit diesem Trost heilt sie den persönlichen Schmerz. Das Motiv steht aber

2. Abschnitt:
Reaktion der
Königin

auch in einem politischen Zusammenhang: Am Ende der vorhergehenden Szene übergibt Elisabeth Carlos Briefe mit den Worten: „Und diese Tränen aus den Niederlanden." (V. 808) Sie künden also von dem dortigen Leid durch die spanische Unterdrückung.

3. Abschnitt: Philipps Ängste um seine Gattin

Elisabeths Reaktion auf die harte Bestrafung ihrer Hofdame beeindruckt den König, sodass er seinen rauen Ton mildert: Fragend wundert er sich, seine Gemahlin betrübt zu haben, obwohl er sich aus Liebe Sorgen um sie mache (vgl. V. 846–849). Er begründet seine Beunruhigung mit einem Vergleich zwischen seinem Reich und seiner Liebe. Wie der Macht müsse er sich täglich der Zuneigung der Gemahlin vergewissern: mit Gewalt – meinem Schwert und Herzog Alba (vgl. V. 857f.) – im einen und mit seinem wachsamen Auge im anderen Fall. Wie er regiert, will er auch lieben. Aber auf diese Art und Weise kann er die Liebe einer Frau ebenso wenig erhalten wie die Herrschaft über seine Völker. Er ignoriert nämlich die Gefühle der anderen Person wie die Bedürfnisse seiner Untertanen. Unsensibel unterbricht er die Königin erneut, die ihm mit einer Entschuldigung entgegenkommen will (vgl. V. 859f.), und führt seine Überlegungen unbeirrt weiter: Machtfülle und unermesslicher Reichtum seien ihm wie seinen Vorfahren und Nachkommen durch das Glück der königlichen Abstammung zuteilgeworden, Elisabeth dagegen sei nur für ihn persönlich bestimmt. An dieser Stelle sei er „sterblich" (V. 867), das heißt, ein Mensch wie jeder andere, dem Alter und der Furcht ausgeliefert. Diesen Widerspruch zwischen der Überhöhung des Herrschers und seiner menschlichen Seite bringt nicht nur Philipp selbst zur Sprache, sondern auch Marquis Posa in der Audienzszene (vgl. V. 3109–21). Der Großinquisitor verlangt dagegen seelenlos, auf irdische Bedürfnisse zu verzichten (vgl. V. 5229f.). Philipp lässt sich aber auf einen Freund, Liebe und Freundschaft ein, und durch die Folgen wird er zu einer tragischen Gestalt, die Mitleid verdient.

Als der König bemerkt, dass sein Sohn im Gefolge fehlt, spricht er offen davon, was ihm am Infanten missfällt und ihn sogar ängstigt. Carlos entziehe sich dem Vater, nehme am höfischen Leben keinen Anteil und sei von heftigen Gefühlen umgetrieben: „Sein Blut ist heiß, warum sein Blick so kalt?" (V. 876) Philipps Feststellungen entsprechen dem Verhalten des Prinzen in den vorausgehenden Auftritten, ohne dass der König die Gründe kennt. Er warnt die Granden vor Carlos, und Herzog Alba beruhigt ihn, indem er sich als Thronwächter mit dem Erzengel vor dem Eingang des Paradieses vergleicht. Lerma dagegen widerspricht dem König: Der Infant führe trotz aller Gefühlsaufwallungen nichts Böses im Schilde (vgl. V. 887 f.). Philipp würde sich als Vater zwar der Einschätzung des Grafen gerne anschließen, verlässt sich dann aber doch auf Alba und ergreift die Chance nicht, auf seinen Sohn – und seine Völker – zuzugehen.

4. Abschnitt: Warnung vor Carlos

Stattdessen kündigt er für den nächsten Tag in Madrid feierliche Hinrichtungen von Andersgläubigen an, die seine Gegner abschrecken sollen. Dazu verpflichte ihn sein „große[r] Eid" (V. 897), das Christentum zu verteidigen. Es geht ihm aber wie vielen europäischen Herrschern um die eigene Macht, denn Jesus Christus Gewaltlosigkeit. Philipps Unbarmherzigkeit wird nun auch im religiös-politischen Bereich sichtbar.

5. Abschnitt: Ankündigung von Hinrichtungen

Philipp kümmert sich bei seinem ersten Auftreten im Drama sowohl um familiäre als auch um staatliche Angelegenheiten. Trotz seiner Härte auf beiden Feldern gesteht er ein, verletzlich zu sein. Spannungen mit seiner Gemahlin und seinem Sohn deuten sich an, aus denen sich die Konflikte des Dramas entwickeln. Die Szene fungiert deshalb als Exposition des Kontrahenten von Posas Befreiungsplänen.

Schluss

Beispiel einer aspektgeleiteten Analyse

 Aufgabe: Analysieren (beschreiben und deuten)
Sie den 13. Auftritt im 4. Akt.

Einleitung   Das Schauspiel „Don Carlos" von Friedrich Schiller, das in den Jahren vor der Französischen Revolution entstand, befasst sich mit Forderungen nach Freiheit und Bestrebungen, sie zu unterdrücken. Die Handlung kreist um den spanischen König Philipp II., seine Familie und die Mächtigen seines Reichs. Private und politische Konflikte verflechten sich derart, dass die Akteure die Kontrolle über das Geschehen verlieren. Erst am Ende setzt sich das alte System der Gewaltherrschaft wieder durch. Geheimnisse, verwirrende Beziehungen, Täuschungsversuche und Intrigen erzeugen eine düstere Atmosphäre, in der gewissermaßen das Licht der Epoche der Aufklärung zwar aufleuchtet, schließlich aber doch wieder erlischt.

Einordnung des   Das Gespräch zwischen dem Grafen Lerma, der als Oberst
Textauszugs in   der Leibwache ständigen Zugang zum König hat, und
die Dramen-   dem Thronfolger Don Carlos findet statt, nachdem dessen
handlung   Freund, Marquis Posa, mit Philipp persönliche und grundsätzliche Fragen erörtert und das Vertrauen des Monarchen gewonnen hat. Diesen Aufstieg verschweigt Posa jedoch dem Prinzen, mit dem er sich verbrüdert hat, um den Freiheitskampf der Niederländer gegen die spanische Gewaltherrschaft zu unterstützen. Während es dem Marquis nach einem ersten Gespräch zwischen Lerma und Carlos noch gelungen ist, das Misstrauen des Freundes auszuräumen, glaubt sich der Prinz jetzt verraten. Vor allem sieht er die Königin Elisabeth in großer Gefahr. Prinzessin Eboli soll ihm helfen, sie zu sprechen, doch der Marquis vermutet, dass er ihr von den heimlichen Plänen zur Befreiung Flanderns erzählt. Deshalb verhaftet er den Infanten und

bedroht die Hofdame mit dem Tod, lässt plötzlich aber von ihr ab, weil ihm eine neue Idee zur Rettung seines Vorhabens kommt: sich selbst zu opfern.

Die Szene IV/13 zeigt einerseits die Einstellung Lermas zu dem Infanten und sein Verhältnis zu ihm, andererseits beleuchtet sie die Beziehung zwischen Carlos und Posa. Daraus lassen sich Schlüsse über den Charakter der Titelfigur ableiten.

Untersuchungs-aspekte

Carlos ließ sich nach einer ersten Warnung Lermas vor Posa in Szene IV/4 durch den Freund beschwichtigen und gab ihm sogar schweren Herzens seine Brieftasche mit einem Brief Elisabeths, der für ihn sehr kostbar war (vgl. V. 3602–31). Dennoch teilt ihm der Graf erneut mit, was der Marquis verschweigt: Dieser habe die Tasche dem König ausgehändigt und werde als „allmächtige[r] Minister,/Als unumschränkte[r] Günstling" angesehen (V. 3964 f.). Ungeachtet seiner Nähe zu Philipp unterstützt der Graf den Thronfolger ohne Vorbehalt und informiert ihn über Vorgänge, die er in seiner Position beobachtet und die ihm für den Infanten bedeutsam und hilfreich erscheinen. Carlos erstarrt schweigend, als er hört, wo sich seine Brieftasche befindet (vgl. Regieanw. in V. 3947). Er bezeichnet die Aussage als unwahr und nennt Lerma einen Betrüger, indem er den Begriff, mit dem der Graf sich zu rechtfertigen sucht, gegen ihn wendet (vgl. V. 3948 f.). Der Prinz beschuldigt ihn sogar, die Bande zu Posa „mit höllischer Geschäftigkeit" (V. 3952) zerreißen zu wollen. Auf den Vorwurf der Unwahrheit reagiert Lerma „empfindlich" (vgl. Regieanw. in V. 3948); die schweren Vorhaltungen des Betrugs und der Bösartigkeit verzeiht er ihm aber, weil sie einem großen Schmerz entsprängen (vgl. V. 3949, 3953 f.). Der Oberst weiß also, was er mit seinen Informationen dem Prinzen zumutet und dass er bei dessen Zustand nicht jedes Wort ernst nehmen darf. Großmütig vergibt er eine Beleidigung, die er sich eigentlich verbieten müsste.

1. Aspekt:
Verhältnis
Lerma – Carlos

Nachdem Carlos vom Aufstieg des Freundes erfahren und in wiederholten Sätzen resigniert und mit ausdrücklicher Gewissheit festgestellt hat, ihn verloren zu haben (vgl. V. 3974f., 3979f.), bemüht sich der Graf mit Fragen, die Niedergeschlagenheit und Passivität des Prinzen zu überwinden. Er bietet ihm Hilfe an, spricht von der Möglichkeit des Abwartens und der Notwendigkeit der eigenen Rettung und lenkt den Blick des Prinzen schließlich von sich selbst auf andere (vgl. V. 3976–83). Dadurch wird Carlos bewusst, in welcher Gefahr Elisabeth schwebt, denn ihr Brief, so glaubt er, bestätige dem König ihre Liebe zu seinem Sohn.

Lerma steht dem verzweifelten Thronfolger als verständnisvoller, väterlicher Freund zur Seite. Er unterrichtet den Infanten nicht nur über wichtige Ereignisse, sondern einfühlsam gelingt es ihm auch, dass der Prinz die dadurch ausgelöste Schockstarre überwindet. Wie in dieser Szene tritt der Graf im gesamten Drama für Carlos ein: Zu Beginn verteidigt er ihn gegen den König (vgl. V. 882–888) und am Schluss huldigt er dem künftigen Monarchen, der mit seinem Vater endgültig gebrochen hat (vgl. V. 4940f.).

2. Aspekt:
Beziehung
Carlos – Posa

Die Mitteilung Lermas, dass er die Brieftasche des Infanten beim König sah, hat das Potenzial, die Freundschaft zwischen Carlos und Posa schwer zu erschüttern. Denn trotz der ersten Warnung des Grafen und großer Vorbehalte gab der Prinz in Szene IV/5 dem Marquis, worum dieser bat (vgl. V. 3617 und die Regieanw. davor). Dennoch bezweifelt der Infant eher die Glaubwürdigkeit des redlichen Lerma, als dem Freund zu misstrauen. Er fleht: „O Gott!/ Gott! – Gott! Bewahre mich vor Argwohn!" (V. 3954f.) Der Ruf nach göttlichem Beistand zeigt jedoch, dass er allein das Misstrauen nicht mehr eindämmen kann. Trotzdem hält er krampfhaft an der Beziehung fest und unterstellt dem Oberst unlautere Beweggründe. Seit den Kindertagen, in denen er um die Freundschaft kämpfte, klammert er sich an diese Stütze.

Erst als Lerma von dem radikal veränderten Machtgefüge und Posas herausgehobener Position berichtet, verdrängt Carlos die Tatsachen nicht mehr. Ins Grübeln versunken, sagt er aufgebracht: „Und mir verschwieg er!" (V. 3962), fragt wortgleich nach den Gründen und gibt selbst die Antwort: Das Herz des Marquis habe für Millionen Menschen stärker geschlagen als für einen einzelnen Freund: „Er opferte mich seiner Tugend." (V. 3973) Dass dem Ritter seine politischen Ideale wichtiger waren als der Gefährte, kann der Prinz sogar verstehen, die bittere Enttäuschung überwältigt ihn aber trotzdem: „Er geht seitwärts und verhüllt das Gesicht" und „sieht starr vor sich hinaus" (Regieanw. nach V. 3975 und in V. 3979). In Gegensätzen – einer/viele, groß/klein – und Steigerungen – tausend/Millionen, teuer/teurer – (vgl. V. 3966–72) führt er das Verhalten des Freundes auf dessen innere Größe zurück. Die Einsicht, den einzigen Halt in seinem Leben verloren zu haben, raubt ihm alle Hoffnung. Im Gefängnis rechtfertigt Posa Carlos gegenüber sein Vorgehen später damit, „meine Treue" nur „[m]it meinen Lippen" (V. 4628) gebrochen zu haben: „[S]o/ Ward ich dein Feind, dir kräftiger zu dienen." (V. 4633f.) Ähnlich begründet der Marquis auch gegenüber Elisabeth seine Stellung beim König (vgl. V. 3412–16). In beiden Fällen übertüncht das Argument aber ein widersprüchliches Verhalten. Im weiteren Verlauf ihres letzten Gesprächs bezeichnet Posa sein beharrliches Schweigen, als Carlos schon von den überraschenden Entwicklungen wusste, dann auch als eigensinnig und schweren Fehler (vgl. V. 4636–45). Diesem fallen beide zum Opfer, doch die Freundschaft überdauert Posas Tod.

3. Aspekt:
Charakterzüge
von Carlos

Posa bewertet im Gefängnis die Erklärung des Infanten, weshalb er den Freund verloren habe, als „edel": „Doch, zu edel selbst,/An deines Freundes Redlichkeit zu zweifeln,/ Schmückst du mit Größe seinen Abfall aus" (V. 4655–57). Unbeirrt, wie der Prinz jetzt noch voller Anerkennung von dem Ritter spricht, rang er als Kind um dessen Liebe. Er ist auf eine andere Person fixiert und angewiesen; ohne deren Beistand ist er handlungsunfähig. Nur mit Mühe gelingt es Lerma, den Infanten aus seiner Passivität zu reißen. Carlos „fährt auf" (Regieanw. nach V. 3983), denkt an seine Stiefmutter und ehemalige Geliebte, die er in großer Gefahr glaubt, und sucht Hilfe bei Prinzessin Eboli, vor der ihn Posa warnte. Unüberlegt und unvorsichtig stürzt er sich in eine Aktion, welche die Katastrophe herbeiführt.

Schon am Anfang des Auftritts plagt ihn die Sorge um Elisabeth weitaus mehr als die um die eigene Sicherheit (vgl. V. 3921–31). Seine Angst verrät, dass er die Königin weiterhin liebt, wie umgekehrt auch deren Zuneigung auf diese Weise zu erkennen ist (vgl. V. 58–64). Im Unterschied zu ihr beherrscht Carlos aber seine Gefühle immer noch nicht, obwohl er es ihr schon am Ende der Szene I/5 versprochen hat. Erst Posas Tod läutert ihn, sodass er im letzten Auftritt sagen kann: „Fürchten/Sie keine Wallung mehr von mir." (V. 5314 f.) Im Gespräch mit Lerma ist der Prinz noch nicht in der Lage, Personen und Informationen richtig einzuschätzen, Situationen zu analysieren und nach vernünftigen Lösungen zu suchen. Stattdessen reagiert er impulsiv, sprunghaft und emotional wie ein Kind. Am Ende ist er jedoch erwachsen geworden: „Eine kurze Nacht/Hat […]/Frühzeitig mich zum Mann gereift." (V. 5322–24)

Schluss

Lerma macht Carlos in Szene IV/13 nicht nur mit dem Geschehen um seinen Freund bekannt, sondern er übernimmt vorübergehend auch Posas Rolle als helfender

Freund. Ihre Beziehung ist zwar nicht so eng wie die zwischen dem Infanten und dem Marquis, aber anders als dieser verfolgt der Graf keine eigenen Zwecke. Der Ritter spricht von „Lermas/Unglückliche[r] Dienstfertigkeit" (V. 4651 f.), weil sie seine Pläne durchkreuzt. Er kann nicht alle Möglichkeiten einkalkulieren und lässt insbesondere Gefühle anderer Personen außer Acht. Lerma dagegen unterstützt Carlos konsequent und entzieht ihm seine Sympathie auch dann nicht, wenn er von dem Thronfolger im Affekt ungerecht behandelt wird. Er vertraut von Anfang an auf dessen gutes Herz (vgl. V. 888).

Der Blick auf die Prüfung: Themenfelder

Dieses Kapitel dient zur unmittelbaren Vorbereitung auf die Prüfung: Schulaufgabe bzw. Klausur oder schriftliche bzw. mündliche Abiturprüfung. Die wichtigsten Themenfelder werden in einer übersichtlichen grafischen Form dargeboten. Außerdem verweist eine kommentierte Liste mit Internetadressen (S. 166 f.) auf mögliche Quellen für Zusatzinformationen im Netz.

Die schematischen Übersichten können dazu genutzt werden,

- die wesentlichen Deutungsaspekte des Dramas kurz vor der Prüfung im Überblick zu wiederholen,
- die Kerngedanken des Dramas nochmals selbstständig zu durchdenken,
- mögliche Verständnislücken nachzuarbeiten und
- unterschiedliche literaturgeschichtliche Einflüsse in Erinnerung zu rufen.

Zum Verständnis der Übersichten ist die Kenntnis der vorangegangenen Kapitel unerlässlich. Die Auswahl der folgenden Schwerpunkte beruht auf Erfahrungen aus jahrelanger Prüfungspraxis. Die Übersicht IV (Vergleichsmöglichkeiten mit anderen literarischen Werken, S. 164 f.) soll anregen, interessante Vergleichspunkte zwischen dem Schauspiel und weiteren eigenen Lektüren zu finden.

Übersicht I: Private und politische Auseinandersetzungen

privat	**Konflikte im Drama „Don Carlos"**	**politisch**
überwiegend im 1.–3. Akt		vor allem im 3.–5. Akt

Vater – Sohn	**Unterdrückung/Selbstbestimmung der niederländischen Provinzen**
● Entfremdung durch eine strenge Erziehung	● Schilderungen des Leids in Briefen und Posas Bericht beim König
● seltene Begegnungen nur bei der Ankündigung von Strafen für den Prinzen	● Beendigung der Aufstände durch Albas Härte oder die Menschlichkeit des Thronfolgers
● Misstrauen und Eifersucht des Vaters gegenüber dem Sohn	● Fluchtversuch von Carlos in die Niederlande nach dem Tod des Marquis
● Ablehnung des Wunsches von Carlos, anstelle von Herzog Alba mit dem Heer in die Niederlande zu ziehen	**Gegensätzliche Vorstellungen von Herrschaft und Staat**
● Anklage des Vaters und Bruch mit ihm nach Posas Tod	● erzwungene Ruhe durch Bekämpfung aller Neuerungen
Carlos – Elisabeth	● Freiheit im Staat wie in der Natur
● Trennung der Verliebten nach der Verlobung, weil Philipp selbst die Braut heiratet	● absolutistische oder aufgeklärte Monarchie
● Widerstand der Königin gegen das drängende Begehren des Infanten	● Machtkampf zwischen Alba/ Domingo und Posa
● Verpflichtung von Carlos auf seine künftige Aufgabe als König	**Verhältnis Staat/Kirche**
● Bürgin für Posas politisches Ver-mächtnis	● Großinquisitor als heimlicher Herrscher
● Entsagung der hoffnungslosen Liebe zu Elisabeth nach Posas Tod	● Auslieferung von Carlos an die Inquisition durch den König
Carlos – Prinzessin Eboli	
● Einladung des Infanten im irrtümli-chen Glauben der Prinzessin auf seine Gegenliebe	
● Eingehen der Prinzessin auf Domin-gos Intrige gegen die vermeintliche Rivalin aus Rache	

Philipp/Posa	
● Sehnsucht nach einem Freund	● unterschiedliche Vorstellungen von Herrschaft, Staat und Rolle des Königs
● Suche nach der Wahrheit über die Beziehung Carlos – Elisabeth	● der Marquis als bevorzugter Günstling des Königs und mächtiger Minister
	● Vertrauensbruch des Malteserritters

Übersicht II: Zeitebenen der Handlung, der Entstehung und der Rezeption im Drama „Don Carlos"

Handlung: Ereignisse am spanischen Hof um 1565
- Novelle „Histoire de Dom Carlos" des Abbé de Saint-Réal
- Geschichte Spaniens in der 2. Hälfte des 16. Jahrhunderts: Philipp II., Gegensatz Spanien – Frankreich, Inquisition

Aber:
- poetische anstelle der geschichtlichen Wahrheit: Abweichungen von den historischen Tatsachen, um Rührung zu erzeugen

Entstehung 1782–1787: biografische Faktoren	Friedrich Schiller:	Hintergrund: geistes- und literatur-geschichtliche Faktoren
- Erfahrungen Schillers als Karlsschüler am Hof des württembergischen Herzogs Karl Eugen - strenge höfische Regeln - Herzog als „Vater" seiner Schülersöhne: gestörte Beziehung - Freundschaften (z. B. mit Goethe)	**Don Carlos.** Ein dramatisches Gedicht	- literaturgeschichtliche Strömungen: Aufklärung/ Empfindsamkeit/Sturm und Drang/Klassik - politisch-philosophische Diskussionen wenige Jahre vor Ausbruch der Französischen Revolution - Selbstbestimmung, Freiheit und Glück der Menschen und der Gesellschaft - Rousseau: Du contrat social

Wirkungsgeschichte: Deutungen und Inszenierungen im Horizont der jeweiligen Gegenwart
- 19. Jahrhundert: romantisierende Aufführungen
- Regietheater nach Max Reinhardt am Anfang des 20. Jahrhunderts: Hof Philipps II. als Machtzentrum eines Überwachungsstaats
- Missbrauch des Dramas im Nationalsozialismus
- nach 1945: geschichtslastige, unpolitische Inszenierungen
- Fritz Kortner 1950: Verfolgung und Krieg im „Dritten Reich"
- Andrea Breth 2004: große Gefühle als kindische Spiele in einem global agierenden Konzern

Übersicht III: Epochenmerkmale im Drama „Don Carlos"

Aufklärung

- Angriffe auf Glauben und Kirche
  - irrationale Mächte
  - gnadenlose Härte im Widerspruch zur christlichen Botschaft
- Ablehnung von Absolutismus und despotischen Herrschern
- eigenständiges Denken der Menschen
- angeborene Menschen- und Freiheitsrechte als Begründung für den Unabhängigkeitskampf in den Niederlanden
- Gesellschaftsvertrag
- Reformierbarkeit von Monarchien durch einsichtige Herrscher (vgl. V. 3195–3215)

Sturm und Drang

- Gegensatz von Individuum und höfischer Gesellschaft
- intensive Gefühle (Liebe, Freundschaft) als Gegengewicht zur Rationalität der Epoche der Aufklärung
- egoistisches Drängen auf Erfüllung eigener Wünsche (Liebe von Carlos zu Elisabeth)
- Schwanken zwischen Extremen, z. B. Begeisterung/Melancholie, Aufbruchsstimmung/Resignation
- „Rebellion" (V. 3468)
- leidenschaftliche Sprache
- Motive des Weinens und der Tränen
- Herz als Empfindungszentrum

Klassik

- Bildung und Veredelung von Carlos zu einem vorbildlichen Herrscher, der Würde und Freiheit der Menschen achtet
- Harmonie von Pflicht (als Königin) und Neigung (Elisabeths zu Carlos) als Ideal
- Treue zu sich selbst: Bindung Elisabeths an ihre französische Heimat und die freiere Lebensweise dort
- geziemendes Verhalten (situationsgemäß, angemessen, höflich)
- natürliche, persönliche Autorität und Überzeugungskraft
- Streben nach dem „Ewigen und Wahren" (V. 3209)
- Versform als Kennzeichen eines vollkommenen Dramas
- Wachstumsmetapher

zugeordnete Personen:

| Posa | bringen | Elisabeth |

Posa → Carlos ← bringen ← Elisabeth

von der Passivität zur Aktivität | vom schwärmerischen Jüngling zum geläuterten Erwachsenen

Übersicht IV: Vergleichsmöglichkeiten mit anderen literarischen Werken

Schillers „Don Carlos. Ein dramatisches Gedicht"

Figurenvergleiche

König Philipp mit

- Sultan Saladin in Lessings Schauspiel „Nathan der Weise"
- dem Präsidenten in Schillers bürgerlichem Trauerspiel „Kabale und Liebe"
- König Thoas in Goethes Schauspiel „Iphigenie auf Tauris"
- dem brandenburgischen und dem sächsischen Kurfürsten in Kleists Novelle „Michael Kohlhaas"
- König Peter in Büchners Lustspiel „Leonce und Lena"

Königin Elisabeth mit

- Iphigenie in Goethes Schauspiel „Iphigenie auf Tauris"
- Shen Te in Brechts Parabelstück „Der gute Mensch von Sezuan"

Vergleich des in Sprache und Struktur klassischen Dramas mit

- Goethes Schauspiel „Götz von Berlichingen" aus der Epoche des Sturm und Drang
- Büchners Dramenfragment „Woyzeck" in offener Form

Vergleich der Themen

Familienkonflikte in

- Schillers Dramen „Die Räuber" und „Kabale und Liebe"
- Kafkas Erzählung „Die Verwandlung"
- Birgit Vanderbekes Erzählung „Das Muschelessen"

Problematische Liebesbeziehungen in

- Goethes Drama „Faust I" (Gretchentragödie)
- Max Frischs Roman „Homo faber"
- Peter Stamms Roman „Agnes"

Staatlich-politische Überzeugungen und Auseinandersetzungen in

- Goethes Trauerspiel „Egmont"
- Schillers Trauerspiel „Maria Stuart"
- Kleists Novelle „Michael Kohlhaas"

Don Carlos mit
- Werther in Goethes Briefroman „Die Leiden des jungen Werthers"
- Josef K. in Kafkas Romanfragment „Der Prozess"

Marquis Posa mit
- Karl Moor in Schillers Schauspiel „Die Räuber"
- Wilhelm Tell in Schillers gleichnamigem Schauspiel
- Danton und Robespierre in Büchners Drama „Dantons Tod"

- Gerhart Hauptmanns sozialem Drama „Vor Sonnenaufgang" aus der Epoche des Naturalismus
- Brechts Werk „Mutter Courage und ihre Kinder" als einem Beispiel des epischen Theaters

- Heines Verserzählung „Deutschland. Ein Wintermärchen"
- Conrad Ferdinand Meyers Novelle „Das Amulett"
- Gerhart Hauptmanns Schauspiel „Die Weber"

Geheimnisse und Wahrheitssuche in
- Lessings Schauspiel „Nathan der Weise"
- Kleists Lustspiel „Der zerbrochene Krug"
- Kafkas Romanfragment „Der Prozess"
- Brechts Schauspiel „Leben des Galilei"
- Bernhard Schlinks Roman „Der Vorleser"

Internetadressen

Unter diesen Adressen kann man sich zusätzlich informieren:

www.mythos-magazin.de/methodenforschung/kp_schiller.
pdf
(Essay von Katharina Peters: Textzugang zu Friedrich Schillers „Don Karlos, Infant von Spanien" anhand der Basis-Interpretation)

www.stiftikus.de/Don_Carlos/familien.doc
(„Don Karlos" als Familiendrama)

www.eckhard-ullrich.de/theatergaenge/1829-schiller-don-carlos-deutsches-theater-berlin
(Besprechung derselben Inszenierung)

www.die-deutsche-buehne.de/Kritiken/Schauspiel/Friedrich
+Schiller+Don+Carlos+Infant+von+Spanien/Gedankenfrei
heit+im+Kongresszentrum
(Besprechung der Inszenierung am Staatstheater Nürnberg 2013)

www.thalia-theater.de/de/journal/hamburgische-dramaturgie/don-carlos-asire-geben-sie-gedankenfreiheit.a/
(Besprechung der Inszenierung am Hamburger Thalia-Theater 2011)

http://bildungsserver.hamburg.de/don-carlos/
(Links zu Informationen von Schillers Werk, sein Schauspiel „Don Carlos" und Verdis Oper)

www.schillersgeburtshaus.de
(Zeittafel, Informationen zu Schillers Familie, Galerie wichtiger Personen der Familie Schiller)

www.klassik-stiftung.de
(Homepage der Klassik Stiftung Weimar mit Links zu Schillers Wohnhaus in Weimar mit Audioguide sowie den Schiller-Museen in Weimar und Bauerbach)

www.literaturwelt.com/autoren/schiller.html
(Informationen zu Leben und Werk mit Quizfragen dazu)

www.wissen-im-netz.info/literatur/schiller/
(Informationen zu Leben, Werk und Sprache Schillers)

www.goethezeitportal.de/wissen/enzyklopaedie/friedrich-schiller.html
(Kurzbiografie zu Schiller und Gemäldegalerie)

www.bpb.de/shop/zeitschriften/apuz/29191/schiller
(Beilage zur Wochenzeitung „Das Parlament" im Schiller-Jahr 2005)

(Stand: 24.06.2016)

Literatur

Textausgabe

Friedrich Schiller: Don Carlos. Infant von Spanien. Ein dramatisches Gedicht. Erarbeitet von Gerhard Friedl. Hrsg. von Johannes Diekhans. Paderborn: Schöningh Verlag 2007.

Werkausgaben

Friedrich Schiller: Sämtliche Werke. 5 Bände. Hrsg. von Gerhard Fricke und Herbert G. Göpfert. München: Hanser/Darmstadt: Wiss. Buchgesellschaft 1980–1993.

Schillers Werke. Nationalausgabe. Bände 7 I und II. Weimar: Böhlau 1974, 1986.

Weitere Literatur

Alt, Peter-André: Schiller. Leben – Werk – Zeit. Eine Biographie. Erster Band. 2., durchges. Aufl. München: Beck, 2004. Drittes Kapitel. 9. Don Karlos (1787), S. 433–465.

Aurnhammer, Achim; Manger, Klaus; Strack, Friedrich: Schiller und die höfische Welt. Tübingen: Niemeyer 1990.

Bernhardt, Rüdiger: Königs Erläuterungen zu Friedrich Schiller, Don Karlos. Hollfeld: Bange, 2014.

Bopp, Hansjürgen: Lektürehilfen zu Friedrich Schiller, Don Carlos. Stuttgart: Klett, 2007.

Burschell, Friedrich: Schiller. Mit Selbstzeugnissen und Bilddokumenten. Hamburg: Rowohlt Taschenbuch 1994.

Koopmann, Helmut: Don Carlos. In: Schillers Dramen. Interpretationen. Hrsg. von Walter Hinderer. Stuttgart: Reclam (Universal-Bibliothek Nr. 8807), 1992, S. 159–201.

Luserke-Jaqui, Matthias: Don Karlos – Briefe über Don Karlos. In: ders. [Hrsg.]: Schiller-Handbuch. Leben – Werk – Wirkung. Sonderausgabe. Stuttgart: Metzler 2011, S. 92–109.

Pörnbacher, Karl: Erläuterungen und Dokumente zu Friedrich Schiller, Don Carlos. Bibliogr. erg. Ausg. Stuttgart: Reclam (Universal-Bibliothek Nr. 8120) 1995.

Reinhardt, Hartmut: Don Karlos. In: Schiller-Handbuch. In Zusammenarbeit mit der Deutschen Schillergesellschaft Marbach hrsg. von Helmut Koopmann. Stuttgart: Kröner, 1998, S. 377–394.

Safranski, Rüdiger: Friedrich Schiller oder Die Erfindung des Deutschen Idealismus. Lizenzausg. f. d. Wiss. Buchges. München, Wien: Hanser, 2004. Zwölftes Kapitel, S. 229–257.

Schings, Hans-Jürgen: Die Brüder des Marquis Posa. Schiller und der Geheimbund der Illuminaten. Tübingen: Niemeyer 1996.

Wilczek, Reinhard: Oldenbourg Interpretationen zu Friedrich Schiller, Don Karlos. München: Oldenbourg 2008.

Wölfel, Kurt: Friedrich Schiller. München: dtv 2004.

Notizen

Notizen

Notizen